角川選書ビギナーズ

謎解き妖怪学

小松和彦

角川選書
1205

目次

序章　日本の妖怪とは

序章　日本の妖怪とは

私は妖怪を研究し始めて五〇年近くになります。また、分野を超えた多くの研究者たちと共同研究を始めてからも、三〇年近くになっております。

研究を始めた最初のころは、妖怪が研究テーマになるのかどうか自信がないような時代もありましたが、だんだん多くの方々から日本文化における妖怪の役割の重要さ、妖怪の魅力、あるいは妖怪が現代においてもさまざまな形で活躍していることを、評価していただけるようになりました。

日本の妖怪を研究していくと、いろいろな特徴を見いだすことができます。

みなさんは頭のなかで、妖怪という言葉からどのようなイメージを思い浮かべているでしょうか。お年寄りの方には、幼いころにお父さんやお母さん、あるいはおじいさんやおばあさんから聞いた妖怪の昔話、もしくは住んでいる土地の伝説などを通じて、妖怪のイメージをつくり上げてきたという人もおられるかもしれません。また、水木しげるさんや宮﨑駿さんの漫画やアニメを通じて妖怪のイメージをつくり上げてきたという人もおられるかもしれません。

私などは楳図かずおさん、つのだじろうさんなど、怪奇あるいは妖怪という名前が付く漫画を描いてきた漫画家の想像力を通じて、造形的なイメージをつくり上げてきました。

さらに若い人ならば、例えば『うしおととら』や『ぬらりひょんの孫』、『妖怪ウォッチ』、『呪術廻戦』といった作品を通じて、妖怪のイメージをつくっておられるのではないかと思います。みなさんそれぞれに違うかもしれませんが、それらに通底する日本の妖怪の特徴を挙げていきたいと思っております。

歴史ある妖怪たち

私は日本の妖怪、あるいは妖怪の文化は、五つか六つぐらいの大きな特徴を持っていると考えています。

一つには妖怪の歴史の長さです。『古事記』や『日本書紀』などに触れて育った方は思い浮かべていただけると思いますが、最初の文字記録であるこれらの書物の中にも妖怪的なものが登場します。その中でも有名なのが須佐之男《すさのを》が八岐大蛇《やまたのおろち》を退治したという話です。

画像がないので姿形はわかりませんが、文字で書けば頭が八つで胴体が一つ、そして尾っぽも八つという怪物がいて、毎年、女の人を生け贄《にえ》に求めていたが、須佐之男がそれを退治したとあります。

また、『出雲国風土記《いずものくにふどき》』という地誌に当たる書物の中にも、農民が目一つの鬼に食べられてしまったという話が出てきます。

さらに『常陸国風土記《ひたちのくにふどき》』の中には、谷の神といったらいいのでしょうか、あるいは山の神というのでしょうか、夜刀神《やつのかみ》という妖怪に襲われる、あるいはそれを退治する話があります。夜刀神は蛇の形をしていますが、角を持っており、龍あるいは蛇を神秘化した大蛇のようなイメージの妖怪として描かれています。

このことから、日本人は非常に早い時期から、妖怪的なものをさまざまな形で語り伝えてきたことがわかります。その時代から平安時代、中世、近世、近代、そして現代に至るまで延々と、実際にそのようなものの子孫というべきものが山の中にいると伝えられていることもあります。例えば、私が調査した高知県の奥深い山村では、ヤツラオウ（八面王）とかムツラオウ（六面王）と呼ばれる大蛇の妖怪がいると伝えられています。これなどは八岐大蛇の子孫みたいな妖怪ですね。

また、伝説としてだけではなく、子どもたちが楽しむことができる昔話のような話

地獄絵の獄卒（『沙門地獄草紙』沸屎地獄）

としても妖怪の存在が伝えられてきています。

こうした長い歴史を持っているということが、一つの大きな特徴であるかと思います。私たちはそのような長い歴史を踏まえながら、日本の妖怪を考えていかなければなりません。そして、おそらく未来にも語り継がれていくのだろうと思っています。

豊富な妖怪画

次に、妖怪の物語や絵の豊富さを特徴として挙げることができます。少なくとも平安時代の終わりぐらいから、はっきりと妖怪的なものを描いた絵――その多くは絵巻です——が残っています。すごく早い時期から、非常に豊富な妖怪画が描かれ続けてきているわけです。

『源氏物語』などの時代にも、貴族たちが地獄絵を見て「地獄は怖い。極楽に行きたい」と恐ろしがったと語られているので、平安時代の中ごろから、多くの貴族などが地獄絵を見ていたのだろうと思いますが、現代まで残っているのは平安時代の終わりぐらいのものと言われています。その地獄絵を見ていきますと、地獄の獄卒と言われる鬼がたくさん出てきますし、それに苦しめられている人間がそこに描かれており、妖怪的なものの恐ろしさが絵画という視覚に訴える形で残っています。

妖怪の画像の最初は『春日権現験記絵巻《かすがごんげん》』や『泣不動《なきふどう》縁起絵巻』（別名『不動利益縁起絵巻』）などの霊験譚《たん》を絵物語にしたもので脇役として描かれたのですが、さらに中世の中ごろになると酒呑童子《しゅてんどうじ》や玉藻前《たまものまえ》など強力な妖怪をむしろヒーローにしたような物語、人間社会を破壊する、あるいは王朝を倒そうとする妖怪を登場させて、それを都の武将たちが退治したという物語も語られるようになります。退治される側の悪霊の類いが作品のタイトルになっていきます。酒呑童子は大江山を拠点とする鬼の首領ですし、玉藻前は三国伝来の九尾の妖狐《ようこ》です。最後は武将や呪術師によって退散させられ退治されるのですが、退治されるほうが主人公扱いなのです。この系統は、日

『たま藻のまへ絵巻』

本人がそういうものを恐れながらも、その半面、何となく愛していたということを表しているのかもしれません。

そして、その文化の伝統は、おそらく「ゴジラ」などの怪獣映画に流れているのではないかと思います。ゴジラも日本の社会、大都会を破壊する大変恐ろしい怪獣ですが、それをタイトルにする。それは、何となくゴジラを愛してしまうわれわれの気持ちが、タイトルにも表れているからだと思います。

このように、妖怪の物語はたくさん語られました。そして、それをさらに絵画化して見て楽しむようになりました。この絵の豊富さも、おそらく日本の妖怪文化の特徴の一つであるかと思います。

大きい妖怪ほど怖い

日本の妖怪は最初のころは怖い存在でした。おそらく人間の不安や自然の怖さのようなものが託されていたのだと思います。恐怖の対象としての妖怪は、何とかその恐怖をコントロールしようという思いから造形されたと考えられます。

神様と妖怪は表裏の関係にあります。日本の神様の裏が妖怪であり、コインの裏表とも言えると思います。

恐ろしい妖怪を描くときには、大きく描いています。大きくすると怖くなるのです。逆に言えば、妖怪の隣に小さな人間を描くわけです。このようにするのは決して妖怪だけではなく、神様や仏様を図像化するときも、同じように描いています。

熊野権現が夢の中に現れて、そのときにどういう姿形をしていたかというと、貴族の姿をしていたとか、お坊さんの姿をしていたと言うのですが、その神様の偉大さを描くためには人間を小さく描きます。それと同じように、人間に危害を及ぼすような妖怪も、大きく描くと怖い形になります。しかし、それを小さくしていくと、だんだん怖くなくなっていくのです。初期のころの妖怪は大きく描かれるという特徴を持っていました。

例えば、先ほどの酒呑童子が退治される話を絵巻にした『酒呑童子絵巻』がありますが、とても大きな鬼の姿で描かれています。それに対して武士の源《みなもとの》頼光《よりみつ》は四天王など、たくさんの人手を使って巨大な鬼を退治しています。大きく描くことによって怖さが生まれてくるし、その鬼が強敵だということがわかるわけです。

『土蜘蛛《つちぐも》草紙《ぞうし》絵巻』という蜘蛛の妖怪を退治する話を描いた絵巻もあります。われわれが普通に目にする蜘蛛は、大きなものであっても人間の体以上に大きなものはいないわけです。ところが、それを巨大化していくと怖くなります。人間の何倍もあるような巨大な蜘蛛が現れてそれを退治するという絵になっています。大きく描くことによって怖くなるのです。

ですから、みなさんも怖い妖怪を描こうとするなら、大きくすればいいのです。みなさんが一〇倍の姿になって目の前に現れたら、私は恐怖いたします。しかし、一〇分の一の姿になったら、かわいらしく思うでしょう。

こんな話があります。ある山の中に住んでいる巨大な姿をした鬼が人間の世界にやって来て、お坊さんを食べようとします。そのときお坊さんが鬼と問答をして、

「お前は立派な鬼だ。化けることもできるだろう」

「おう。俺は化けることができる」

四天王たちが巨大な鬼を退治（『酒呑童子絵巻』）

大きく描かれる鬼の頭

と。

「では、少し小さくなってごらんなさい」

とお坊さんが言うと、鬼は少し小さくなります。

「もっと、小さくなれるだろう」

と言うと、また小さくなるわけです。そして、

「もっと、もっと、小さくなりなさい」

と言って、豆粒のようになった鬼をお坊さんは食べてしまうという話です。

鬼をからかっているような話ですが、小さくなると怖くないのです。たたきつぶすこともできます。巨大になると、手に負えなくなります。

そういう意味では、妖怪は大きくすれば怖くなるけれども、小さくすれば怖く

なくなるという大きな特徴を持っているかと思います。現代ではいろいろな種類の日本の妖怪が描かれていますが、よく見ると、かわいらしい妖怪というのは小さいですよね。

多種多様な妖怪たち

それから、日本の妖怪は種目（種類）がすごく多い。数え切れないほどです。民俗学者や郷土史家が全国各地からたくさんの妖怪種目を報告していますし、歴史的な文献の中にもたくさん妖怪の名前が出てきます。例えば、鬼という語はたくさんの鬼の総称です。いろいろなたくさんの鬼がいて、先ほど言いましたように、その中の一つが酒呑童子と名づけられたのです。

妖怪の種類はどのぐらいあるのか、妖怪の名前がどのぐらいあるのか。これを調べてみようと思っても駄目でしょう。残念ながら、正直に言って、研究者にもまだ日本全国の妖怪の種目がどれだけかよくわかっていません。柳田国男という民俗学者は『妖怪談義』という本で、「妖怪名彙集」として日本全国の妖怪の名前を挙げています。アズキアライやフルソマ、シズカモチといった地方に伝わっている妖怪の名前を拾い上げていますが、そこには八〇ほどの名前しか挙がっていません。しかし、全国の民俗学者たちが集めた妖怪の名前を拾い上げていくと、何千という数になるのではないかと思います。

ただ、例えば関東地方ではカッパと呼ばれているものが四国ではエンコウと呼ばれているなど、似ているものだけれども、地方名が違うものもあります。とはいえ、それらをまとめるとしても、おそらく一〇〇〇以上の名前が全国に伝わっています。また、名前が違うということは、きっとその地域において独自の文化を反映しながら名前が付けられてきたのだろうと思います。別の存在として扱うべきだという人もいます。

アズキアライ（『絵本百物語』）

私どももかつてデータベースを使いながら事典を作りましたが、そこにも一〇〇〇以上の名前が拾い上げられております。しかし、それもほんの一部です。

ですから、日本の妖怪の名前は大変多

いのです。

先ほども言いましたように、鬼も細かく分けられています。その多さが日本の妖怪文化の魅力の一つになっているのではないかと思います。

次々と生み出される妖怪たち

妖怪はどんどんつくっていくこともできます。みなさんも妖怪をつくろうと思ったらつくることができるという特徴もあります。学生に妖怪をつくらせて、名前を付けさせるということをやっている方もおられます。それが広く流布すれば立派な妖怪種目です。日本の妖怪はどんどん増殖していますので、ものすごく豊富なのです。

具体例を挙げてみましょう。江戸時代につくられた『化物尽絵巻《ばけものづくし》』という、妖怪の種類を絵画化してたくさん収録した妖怪図鑑のようなものがありますが、その中に「はぢっかき」という妖怪がいます。みなさんが恥ずかしいと思う気持ちを絵にしてみたのです。「身の毛立ち」という妖怪も描かれています。ぞっとした気持ちを画像化したのです。

どうでしょうか。みなさんはこの絵を見て「なるほどな」と思われるかもしれませ

身の毛立ち（『化物尽絵巻』）

はぢっかき（『化物尽絵巻』）

ん。そのように何となくみなさんの気持ちを形にして、それを化け物、妖怪にするということを早い時期からやって来ています。

いろいろな人間の行動に名前を付けて、それを妖怪にすることができるというのが、日本の妖怪文化の一つの特徴です。そういう意味では、どんどん妖怪をつくり出すことができます。そして、それを絵にするという文化を培ってきました。日本の妖怪文化の魅力の一つは、そういうところにもあるような気がします。

例えば南伸坊というイラストレーター・漫画家がいますが、あるとき、私のところにやって来てインタビューされたことがあります。そして、「小松さんを妖怪にしましょう」と言って、妖怪にされました。何に似ていたかというと、カッパです。だんだんカッパに似てきているのかもしれませんが、そうやって人間の性格や顔、体付きを見て、世に伝わっている妖怪画に照らしながら、私も妖怪の仲間にしてしまう。そのように多様な妖怪がいて、多様な姿形を持っているというのが、日本の妖怪文化の特徴ではないかと思います。

新しい妖怪漫画ができれば、その中には次々に新しい妖怪と伝統的な妖怪を入り交じった形で登場させることができます。『妖怪ウォッチ』は、私はあまり詳しくはありませんけれども、古典妖怪と新種の妖怪が入り交じって登場しているかに見えます。古典妖怪とは、作者が新しい妖怪をつくるのではなく、すでに昔の人が絵にしているようなものに基づいて登場させたものです。私が勤務していた研究所の隣に小学校があるのですが、小学校の児童たちが「隣に妖怪先生がいるから」と言って、校外学習のような形で訪ねてくることがあります。

その子どもたちは絵巻物を見て、「これは古典妖怪の何とかだ」「これは何とかだ」と、びっくりするくらい詳しく知っているのです。そういう文化というのでしょうか、『妖怪ウォッチ』を通じて知ったのか、『ゲゲゲの鬼太郎』を見て知ったのかはわかりませんが、妖怪文化というのはものすごく奥が深く、現代の子どもたちの中にも多様な形で、しかもその姿形が多様だということを踏まえて語り伝えられているようです。

また、妖怪をどんどんかわいらしくしていくというか、キャラクター化していくという日本人の特徴もあります。先ほど言ったように、大きくすると怖いけれども、小さくしていくと怖くなくなります。「はぢっかき」の絵もそうですけれども、何となく小さくなってかわいらしくなっています。

『百鬼夜行絵巻』という、たくさんの妖怪たちが行進しているらしき絵巻があります。日本の妖怪を知りたければ、まずはこの絵巻を見よと言われているほど有名な絵巻ですが、いずれの妖怪も何となくかわいらしく描かれています。

日本の妖怪は時代が下るにつれて、かわいらしくなってきたのですが、そのかわいらしくなっていく一つの特徴として、どうも小さくなってきたのではないかという気がします。

妖怪に投影される人間

日本の妖怪の特徴は、以上のようにまとめられるのではないかと思います。さらにもう一つ妖怪の特徴というか注目点を挙げるとしたら、それぞれの妖怪に人間の性格

化け物の結婚式（『化物婚礼絵巻』）

を投影しているということです。人間の性格や人間生活がひっくり返して投影されたり、人間の生活を皮肉ったり、ユーモアたっぷりに描いてみたりしています。『化物婚礼絵巻』という絵巻があります。化け物がお見合いをして、互いに気に入って結婚して、子どもをつくるまでを描いたものです。つまり、人間と同じように化け物もお見合いや結婚をして、子どもを産むということなのですが、そのときその人間社会の裏返しを、そこに描き込んであります。

お見合いをして、「あら、あの男はすごく醜くていいわ」という感じでお互いを褒め合う、気に入る、結婚式でも人間が食べたくないようなものを喜んで並べ

ているなど、そのような様子が描かれています。人間世界を描きつつ、人間世界をひっくり返す。妖怪は人間をいろいろな形で投影する道具、つまり鏡として伝えられているという特徴もあるかと思います。

そういう意味では、妖怪を見ていく場合にどのような特徴があり、どのような魅力があるかということは、おそらくみなさんの妖怪に臨む態度によって変わってくるかもしれません。

あるときは、妖怪の側に身を置きたくなるかもしれません。あるときは、退治したいという思いを強くして妖怪を見るかもしれません。物語の作者の意図、あるいはみなさんが妖怪に臨む態度によって、妖怪の性格は変わっていくかと思います。それはおそらく日本の妖怪が多神教というのでしょうか、アニミズム的な文化伝統の上に乗っかってつくられてきたことと深く関係していると思います。

例えば私を妖怪にして描くこともできます。どんどん怖い形で描いて、鬼の姿であろうと、カッパであろうと、どんな姿でも結構ですが、退治されるような怖い存在として私を造形化することもできるかもしれません。しかし、私を福の神のように思って、そのように描いてくれるかもしれません。それはみなさんが私の性格をどのように造形化するかに関わってくるのだろうと思います。お腹《なか》が出てきて大黒様に似てきたからということで、大黒様のように描いてくれるかもしれませんし、鬼のように描いてくれるかもしれません。

おそらくみなさんとの関係の中で、その性格が決まってくるのです。日本の妖怪の特徴として、そのような関係の中で性格を変えるということがあります。かわいらしくもなり、怖くもなるという特徴があると思います。

妖怪の生活への浸透

最後に、これはかわいらしさと関係するのですが、どんどんかわいらしくなっていくと、みなさんは妖怪が好きになります。そして、だんだん妖怪を身の周りに置きたくなります。妖怪と友達になりたくなります。気がついたら、周りが妖怪だらけになります。

グッズにも、筆箱の中にも、服にも妖怪がいます。私は教え子から妖怪がデザインされたネクタイをもらったことがあります。そのように、だんだん妖怪を身に着けたくなってくる、妖怪が友達になってくるわけです。生活や文化の中に浸透していくという興味深い特徴を持っているかと思います。現代はそのような時代のようにも見えます。

異世界との境目

さて、ここで少し話題を変え、妖怪が出そうな空間の特徴についてお話ししたいと思います。いろいろな切り口があるかと思いますが、生活空間の中で妖怪は一体どこから姿を現すのかという着眼点です。

例えば紙があったとします。紙には表と裏がありますが、自分がどこに属しているかによって表や裏が決まります。その表と裏、あるいは自分が住んでいる中心と周辺という関係の中で、妖怪は裏側あるいは周辺の方からやって来るという特徴を持っています。その表と裏、あるいは中心と周辺には、どこかに境界（境目）があります。絶対的な境目というのは、なかなかつくれません。みなさんがどこを境にするかによって変わってくるわけです。

A地点を境にすると、A地点が妖怪の入り口になるかもしれません。この部屋を仕切っているドアが境界であり、ドアの向こう側に妖怪がいるのだと考えることもできます。あるいは、川のこちら側と向こう側で、川の向こう側から妖怪がやって来るということもできるかもしれません。

一つのサンプルとして『稲生物怪録絵巻《いのうもののけろく》』をここでは挙げてみましょう。広島の三次《みよし》市に伝わる実話だと言われている話を絵巻にしたものです。稲生平太郎という男が、一ヶ月間、毎夜出現する妖怪に対峙《たいじ》して逃げださなかったことで、妖怪の親分から「お前は立派だ」と褒められて、一人前の男になるという、イニシエーションのような物語です。この絵を少しご覧いただきたいと思います。

①では、壁から妖怪が出てきています。ここでは壁が妖怪との境界になっています。
②では、頭が大きい女性の妖怪が天井から現れています。天井も妖怪が出てくる場所です。
③で、大きな顔が描かれているのは垣根です。垣根も一つの境界と考えられ、そこから妖怪が出現します。
④では縁側です。縁側に妖怪が現れています。最近、縁側のある家は都会では少なくなりましたが、縁側も家の中と外の境界を成しているので、そこにも妖怪が出てくることを表しています。

したがって、妖怪が出てくる空間というのは、この絵からもおわかりになるように境界なのです。人間が生活している中で境界だと思っているような場所に出てくるのではないかということで、「出そうな場所」と名づけていますが、出そうな空間というのはどうも境界というくくり方ができるのではないかと思います。

私は幼いころ、くみ取り式の便所のある家に住んでいました。夜は行くのがものすごく怖かったですね。ふたを開けると、糞尿が入っている壺があるわけですが、真っ暗なのです。ふたを開けると、妖怪がいそうでした。お尻を触るカイナデという妖怪がいるそうなのですが、それに向けてお尻を差し出すようで、本当に怖くて、用を足

壁から妖怪が出てくる（『稲生物怪録絵巻』）

頭が大きい女性が天井から現れる

垣根に大きな顔が描かれている

縁側に現れた妖怪

した途端にさっと身を引いて、ぱっとふたを閉めたという経験を持っております。あそこもやはり境界だと思います。

水洗トイレになって、トイレは妖怪が出そうな空間ではなくなったと思ったのですが、トイレの花子さんのような現代の妖怪が語りだされています。トイレというのは個室でもっとも無防備なかっこうになる場所なので、今でも妖怪が出そうな場所のようです。

境界という意識を、現代人は一体どこに持つのか。そんなことを考えてみると、現代における出そうな空間をみなさんも思い浮かべることができるのではないかと思います。

結界を張る人間たち

毎年七月になると、京都は祇園祭で一色になります。みなさんもご存じかと思いますが、祇園祭は八坂神社のお祭りです。八坂神社というのは明治になって名付けられた名前で、それまでは祇園感神院と呼ばれる神仏習合の寺社でした。それも陰陽《おんみょう》道系とでも言っていいような、現在は須佐之男に置き換えられていますが、牛頭《ごず》天王という神様を祀《まつ》っていました。

頭に牛の頭を載せた恐ろしい神様が牛頭天王です。疫病を振りまく神で、この神様を怒らせると呪い殺されてしまうと言われています。その神様をお祀りしていたのが、かつての八坂神社でした。みなさんもよくご存じかと思いますが、六月の末などに茅《ちがや》の輪をくぐって厄除《やくよ》けをする「茅くぐり」、あるいは疫病を祓《はら》うために「蘇民将来《そみんしょうらい》」というお札を家に貼って、疫病が入って来ないようにするという風習があります。この蘇民将来の子孫に災いが及ばないというお札の起源の神話が中世に語り出されました。

牛頭天王が南の島に住んでいる妻を迎えに行く途中、巨旦将来《こたんしょうらい》と蘇民将来が住んでいる里にやって来て、最初にお金持ちの巨旦の家に宿を求めました。しかし、巨旦は断りました。次に貧しい蘇民の家に行ったところ、粗末な食べ物だけれども、丁寧に牛頭天王をもてなしてくれました。それに感じ入った牛頭天王は、たくさんの子どもをつくった後、自分のふるさとに帰る途中、またその里にやって来て復讐《ふくしゅう》をしようとします。巨旦を滅亡させようとしたわけです。

巨旦は何か不吉な、良くないことが起きる気配を感じて占いをします。そうすると、占い師から「おまえは呪われているので、身を守らなければいけない」と言われます。

どうやって身を守るかというと、大般若経《だいはんにゃきょう》をお坊さんに唱えてもらうのです。

唱えられた呪文が囲いになって境界をつくり出し、また、お経が収まっている箱の中に巨旦を閉じ込めました。そうすることにより呪いを逃れることができるわけです。

しかし、千人の坊主が一所懸命にお経を唱えていても、中には居眠りをしている坊主もいるはずです。そのような坊主はお経を飛ばし読みしたりするので、そこに効き目がない場所ができてしまいます。

牛頭天王はそこから浸入しなさいと言って、牛頭天王の家来たちが穴を見つけ、巨

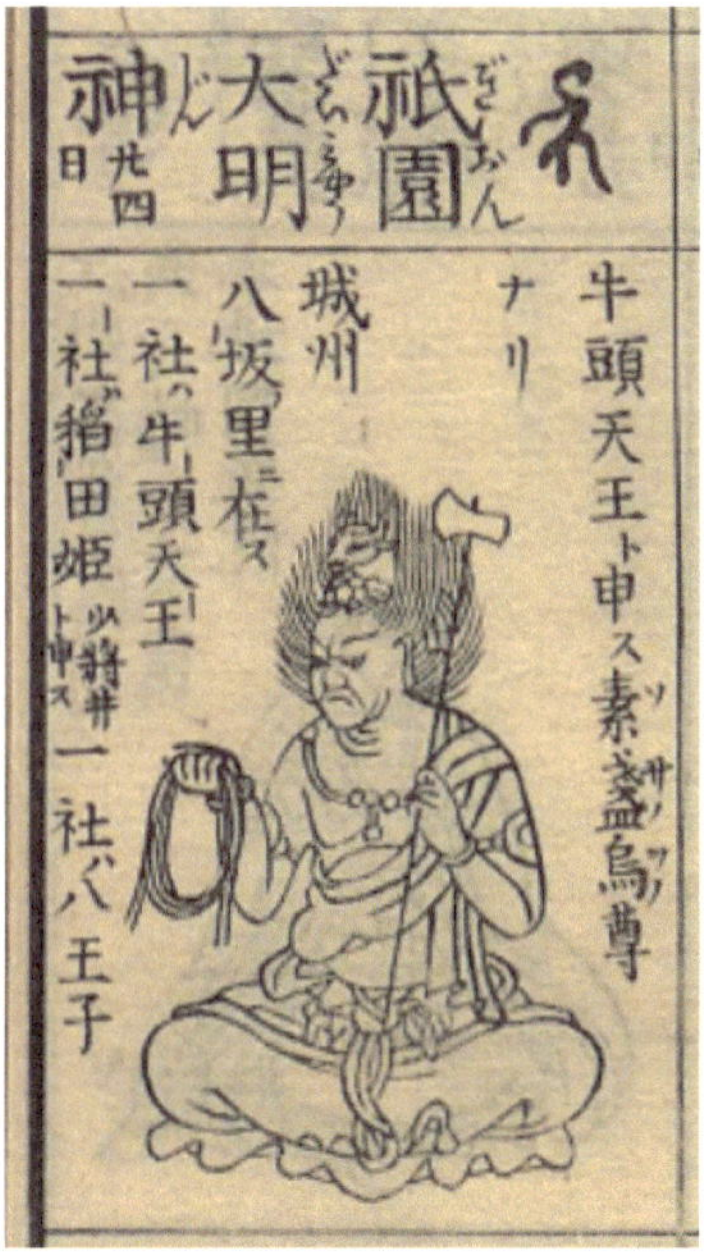

牛頭天王（『仏像図彙』）

旦の家の者を全部滅ぼしてしまいました。

この話は大変興味深いと思います。呪文を唱えることによって境界をつくり出し、守ることができる。結界をつくり出すということです。私たちは結界をいろいろなところにつくり出すことができます。もう一つの世界、異界をつくり出すことができるのです。ただ、どのような場所が結界になるのか、逆に言えば、どこが妖怪の入ってくる場所になるかというのは、その物語をつくる人の想像力に関わってきます。きっと地形や家などの文化的な構造等と深く関わりながら、境界がつくられているのではないかと思います。

私たちは幾重にも境界を持っています。その幾重もの境界を通って侵入してくる妖怪たちの物語をたくさん語り伝えてきました。

私は京都に深く関わっているので、京都の町の結界や妖怪が出そうな場所について調べてみたことがあります。もちろん一般的にいわれるのは鬼門の方角です。例えば京都の場合は深泥池《みぞろがいけ》の辺りがちょうど京の町の境目で、あそこには大蛇が住んでいて、恐ろしい幽霊も出るのだと語り伝えられています。

池のほとりには鬼が出入りする穴があって、京都の人々は節分に自分の家で豆をまいた後、豆をその穴に捨てに行ったといいます。その穴の名前を「まめつか」といいます。これに漢字を当てると「魔滅塚」です。妖怪や鬼が出てくる穴ですが、同時にその穴は妖怪が出てくるのをふさぎ止める穴、封じ込める穴でもあるわけです。

一つ一つそういう物語を探し出していくと、いろいろな場所にさまざまな結界があります。あるいは、いろいろな場所に妖怪出没の物語があります。酒呑童子の伝説や『土蜘蛛草紙』の物語にしても、民間に語り伝えられている村々の民話や伝説の中にも、その各土地における結界や妖怪の出そうな空間、あるいは出た空間が織り込められていたのだろうと思います。

第1章　「シン・妖怪学」の時代

いま、妖怪はきわめて多くの人の注目を集めています。コロナ禍では「アマビエ」という妖怪が注目を浴びました。もともとはコミックで、アニメにもなった『鬼滅の刃』にも、鬼や妖怪の類いがたくさん出てきます。最近では『呪術廻戦』という作品も人気を博しています。

なぜか、現代は「妖怪的」なものが世間を徘徊《はいかい》している時代ではないかと思います。至るところに妖怪が出没(!?)していて、食べ物や酒など、商品のマスコットやグッズにも登場しています。伝統的なカッパも鬼も天狗《てんぐ》も、現代人の日常生活の中に入り込んでいるのです。

とくにここ数年は、これまであまり知られていなかった日本の文化だということで、アメリカやヨーロッパの研究者による妖怪研究が盛んになっています。

妖怪研究の画期は一九九四年

最初に、私がどういう立場で研究をしているかについて、簡単に説明したいと思います。

以前の妖怪研究とは違った観点から妖怪を分析・研究する画期となった年として、若い研究者がしばしば言及するのは、一九九四年です。それまでは、好事家《こうずか》たちを中心とした研究があり、それがある意味では妖怪愛好家の人たちの要望に応えてきました。水木しげるさんの作品なども、その一翼を担っていました。

ところが、この一九九四年を機に、古い妖怪研究――研究の低迷期――から活気のある時期に変わった、というのです。一九九四年がどういう年かといいますと、私自身が『妖怪学新考』という、自分の立場から新しい妖怪研究をしようという意味で「新考」の語を付けた本を著しました。

私の専攻は民俗学、文化人類学でしたが、国文学の領域からも同様の動きがこの年にありました。甲南大学教授の田中貴子さんが『百鬼夜行の見える都市』という本を刊行し、すでに文庫にもなっています。近代文学が専門の横浜国立大学教授の一柳廣孝さんは『〈こっくりさん〉と〈千里眼〉 日本近代と心霊学』を発表しました。この本は、「こっくりさん」や「千里眼」が近代に大流行したことに関する研究です。もう一つは漫画、大衆文化の領域になります。みなさんよくご存じだと思いますが、岡野玲子さんが『陰陽師』というコミックの第一巻を出しました。原作は、小説家の夢枕獏さんです。

岡野玲子さんがコミックとして描くまでは、夢枕さんの同作はあまり注目されていませんでした。それがコミックになって以降、爆発的な人気を得て、「安倍晴明だ」「式神《しきがみ》だ」と若い人たちを中心に陰陽師がたいへんなブームになりました。陰陽師という言葉も、式神についても、そのころ多くの人に知られるようになったのではないかと思います。

また同年、高畑勲さんが監督したスタジオジブリの映画『平成狸合戦ぽんぽこ』が公開されました。化け物であるタヌキと、開発を進める人間との戦いという、興味深いテーマの作品です。さらに、小説家の京極夏彦さんが『姑獲鳥《うぶめ》の夏』という、妖怪小説の第一作（デビュー作）を発表しています。以降、京極さんは、百鬼夜行シリーズなどを次々と刊行します。

このようにして、一九九四年以降、いろいろな分野でさまざまな観点から、妖怪に関わる大衆文化が生み出されました。またそれに刺激されて、あるいは右に述べたような作品を生み出すための資源ともなるということで、妖怪研究に注目が集まるようになりました。

ですからこの時期から、若い人たちがしきりに妖怪研究に取り組むようになり、たくさんの興味深い本が出版されています。大型書店では妖怪関連本のコーナーができているほどです。それまで、研究はほとんどありませんでした。新しい研究が進むようになって、今では、過去にどういう研究があったのかを探索するため、その種の本の発掘も進み、私が研究を始めたころには手に入らなかった本や、国会図書館に行かないと見られなかった本もずいぶん再版されています。

また、最近では在野の妖怪愛好家が中心になって、そのような時代の研究状況を探った『列伝体　妖怪学前史』（二〇二一年）や、その時代の妖怪関連情報がどのように周縁的にせよ広められ育まれていたのかを調べた『広益体　妖怪普及史』（二〇二四年）という本も刊行されています。

一九九四年以前を振り返る

一九九四年以前の妖怪研究についても、少しだけ紹介しましょう。

まず、歴史学者の江馬務は、『日本妖怪変化史』（一九二三年）という本で、日本の説話に現れる妖怪を整理して紹介しました。歴史学の分野から提出された、唯一の研究でした。

また、「妖怪学」という言葉をつくった井上円了という人の研究がありました。ただしこの人は、妖怪つまり迷信を撲滅するために「妖怪学」という言葉をつくりました。近代化を進めるためには、前近代的なものを撲滅しなければいけないということで、「妖怪学」と名付けたのです。とはいえ、私は、彼は妖怪が好きだったのではないか、と思っています。妖怪関連の本を集め新聞記事を丹念に調べ、「あそこに化け物屋敷がある」と聞けば、「それはきちんと説明できるんだ」といって、執拗にそのことについて説明しているからです。

最近、そういう井上円了の主だった論文をまとめた『妖怪学とは何か　井上円了精選』（二〇二三年）が出版されています。

さらに、民俗学の分野には柳田国男がいました。彼の『妖怪談義』（一九五六年）という本は、柳田国男が大正から昭和にかけて妖怪について書いたエッセイをまとめたものです。柳田さんの妖怪についての単行本は、ほかに『一目小僧その他』という、一つ目小僧を研究した本があります。柳田さんは、妖怪においては目ぼしい成果を上げたわけではありませんが、『妖怪談義』は妖怪に関する先行研究の重要な一冊となっています。民俗学では柳田国男の見解が広く支持されていましたが、私の研究は彼の仕事を批判的に検証することから出発しています。

その後の研究として、私の先生にもなるのですが、東京大学の最初の文化人類学主任教授だった石田英一郎の『河童駒引考』（一九六六年）があります。これはとても変わった研究です。日本のことを知りたい人にはあまり役に立たないのですが、川に馬や牛を連れて行くと、カッパに水の中に引き込まれて、馬、牛が死んでしまう。なぜそういうことになるのかを、日本ではなく中国大陸や中央アジア、さらには古代ギリシャにまで遡って、考察した研究です。水神にいけにえを捧《ささ》げる習俗の名残《なごり》なのではないか、というのが石田氏の見解です。妖怪のなかでもカッパに限定した研究だといえます。

これらの先行研究があったわけですが、柳田国男以降は、学問としてほとんど進んでいない状態でした。私としては、そういう妖怪の世界をきちんと学術的に明らかにしたい、海外にもはっきり発信していきたい、という思いがありました。

私の学問遍歴

私が大事にしている言葉に、物理学者・随筆家の寺田寅彦による、次の言葉があります。

人間文化の進歩の道程において発明され創作されたいろいろな作品の中でも「化け物」などは最もすぐれた傑作と言わねばなるまい。

（寺田寅彦「化け物の進化」、初出は「改造」一九二九年、岩波文庫『寺田寅彦随筆集』第二巻、一九四七年）

講演をする機会などがあると、いつもこの言葉を最初に掲げるのですが、この言葉を大事にするように至った過程を、私自身の学問遍歴を通して少しご説明したいと思います。

私は、まずは文化人類学者としてスタートしました。したがって、大学では正式な民俗学のコースで学んだことはありません。文化人類学の一環として、自然人類学の講義も受けました。文化を持った動物としての人間を研究するためには、猿など霊長類との比較の観点も必要であるという石田英一郎先生の考えによるものです。

もちろん、文化人類学の授業の一環として柳田民俗学の授業もあり、その研究成果についても複数の講義で聴きました。その中で、非常勤として大学に来ておられた坪井洋文《ひろふみ》さんのお話が印象的でした。柳田国男の弟子にあたる民俗学者で、『イモと日本人』という著作で知られていた方です。坪井さんは、日本の文化は稲作文化を基調とした文化であるとする考え方に対して、いや実は芋つまり畑作も大事なのだ、と主張しました。日本には餅無し正月、あるいは芋正月と言って、米やお餅ではなく里芋などが非常に重要な儀礼食になっている地域がある、ということなどを紹介しました。

つまり、稲作単一文化論に対して、多様な、多元的な日本文化論が必要だ、と主張したことになります。稲に対して「芋だよ」という坪井洋文さんの主張に、「ああ、なるほど」と私は思いました。目から鱗《うろこ》の思いでした。当然のように思われている見方、あるいは常識になっている考え方に対して、常に疑いの目を向けていくこと、多様な視点、批判的に臨むことが学術的には大事なのだ、と学びました。坪井洋文さんはその後、国立歴史民俗博物館の民俗部長としてお仕事をされ、彼が組織した共同研究にも加えていただきました。

この研究会には民俗学者の宮田登さんも参加されていました。宮田登さんも私にとって、刺激的な学者でした。彼はもともと歴史学の立場から、弥勒《みろく》信仰や江戸庶民の信仰などについて研究していた方です。主に町人文化を研究する西山松之助さんたちのグループに入っていて、その後、民俗学の領域に移ってこられました。当時の民俗学会の会員としては破格の幅広い知識を持った研究者で、歴史学や民俗学ばかりでなく、文化人類学や国文学などにも通暁していました。宮田さんからは、民俗学を勉強するときには歴史的な知識も必要である、ということを教えていただきました。

宮田さんはよく、こんなことを言っていました。

民俗学というのは、歴史学の副次的な、あるいは二次的な学問だというひどい陰口に対して、そういう物言いに、きちんと対抗できる論文を書かないといけない。文献史学が提出した見解を補う学問ではなく、歴史学の定説を覆すことさえできる力を、民俗学が持つようにしていかなければいけない。

宮田さんはそう考えていたのです。

私は「本当にそうだな」と思いました。そういう考え方も、私の研究の基盤になっていました。そして若いころの私は人類学を主に学びながら、たまたま日本を研究対象とするようになり、宮田さんのこうした思いを大切にして、歴史学や国文学などの隣接する人文・社会科学の知識も吸収しながら研究してきました。

余談になるかもしれませんが、宮田さんは推理小説の大ファンでした。推理小説を読むと、民俗学の課題を解くアイディアが浮かんでくるとさえ公言していました。私は宮田さんほど推理小説のファンではなく、むしろ妖怪が出現したり幻術使いが登場したりする伝奇時代小説のほうが好みなのですが、宮田さんが意図していることはわかります。要するに、学問というのは謎解きなのだということです。探偵と同じように学問上の謎を解き、その謎解きの楽しみを学者のみならず、一般の方々に共有できるようにしたいと思っていたのです。これには私もまったく同感します。私もたくさんの謎を楽しく解きたいと思って研究してきました。

人類学的妖怪研究の要点

さて、それでは文化人類学の立場からの日本文化の研究は、どのようなところに特徴があり、あるいは強調点が置かれているのでしょうか。私の学問上の立場ですので、少々専門的な話になります。

いろいろ挙げることができますが、文化人類学は異文化研究に特徴があるとされています。これは日本文化を外側から観察・調査するということでもあります。異文化を研究する過程で、日本文化にどっぷり浸かっていては見えなかったことが見えてくるからです。異文化に同化すればするほど、日本文化が異文化化していくということでもあります。人類学者はこの同化と異化の二重性、もしくは二つの文化の相対化を同時に体験していることになります。このことは日本文化を研究対象にする研究者にも、実は言えることです。

人類学者は、自分が身に付けてきた都市の文化、さらには生まれ育った地域の文化と、研究者が調査する地域の文化が異なった文化を持っているという前提で調査を始めます。まったく同じと思うならば調査する必要がないはずです。私は妖怪研究をするかたわら、四国の山村の調査を重ねてきましたが、この二重性を体験する中でいろいろなことに気づき、研究を深めてきました。

また、異文化として日本文化を研究することによって、人間研究の面白さを知るとともに、研究者が使う専門用語と研究対象の人々が使う用語にも気を使うようになりました。

例えば、この地域の宗教者（太夫《たゆう》といいます）は、かつては祭礼などで神懸かって託宣をしました。そこで研究者は彼らをシャーマンとしての性格を持っていたと評しますが、彼らに向かって「あなたはシャーマンですね」と問いかけても困惑することでしょう。彼らの生活の中にそのような語彙はないからです。

また、これもシャーマン、シャーマニズムに関することなのですが、日本のシャーマニズムと中国や東南アジアのシャーマニズムの比較研究をする調査団に加えていただき、中国東北部とロシアとの国境地帯で活動するシャーマンのもとを訪れたことがあります。

このときのことですが、シャーマンを研究する地元の研究者（民俗学者といっていいかもしれません）から、彼らが行った調査報告をいただいたときに「日本にもシャーマン（漢字で薩満と書きます）がいるのか。シャーマンはシベリアなどの民族の宗教者を表す民族語彙なのに、どうしてそう名乗る宗教者がいるのか。どういう経路で日本に渡ったのか」と矢継ぎ早に質問を受けました。私たちは困惑し、シャーマンとかシャーマニズムとか言っているのは、シベリアのツングース民族の語彙であるサーマンに由来する、世界の研究者が使う学術用語であって、シベリアや中国東方部に住むシャーマンをのみ指しているわけではないと説明しました。

しかしその方は、シャーマン（薩満）という語はそう呼ばれている人々のみに使うべきだ、それ以外の地域の、日本の宗教者に使うべきではないと、とても怒っていました。

このようなこともあって、私は学術用語と民俗語彙、通俗語彙との違いに、とくに配慮するようになりました。というのは、「妖怪」という語は今、通俗語彙にもなって広く一般的に使われていますが、もとは学術用語として先ほど述べた井上円了が用い出し、現在も使っている語だからです。私の調査地の四国の山村では「妖怪」という民俗語彙はありませんでしたし、古代や中世の日本にもそういう民俗語彙はなかったのです。先ほどの私の調査地の山村では「悪魔・外法《げほう》のもの」とか「魔群魔性のもの」とか呼んでおり、それらに対して私が「妖怪」というラベルを貼ったのです。江戸時代では「化け物」とか「百鬼夜行」とかいった語が人々の生活の中では流通していました。それらを「妖怪」と呼ぶのは研究者が似たような現象や存在を、通時代的に、あるいは通文化的に研究するためなのです。

妖怪研究者は関東地方で流布している「カッパ」と中国・四国地方に流布している「エンコウ」が似ていることから「妖怪」というラベルを貼って比較研究しますが、「エンコウ」は「エンコウ」であって「カッパ」でもなければ「妖怪」でもないと、かたくなに主張する方がいます。ですが、学術用語と民俗・通俗語彙の違いは、学術上とても必要なことなのです。

もちろん、民俗語彙の意味の大切さを人類学者は十分に知っています。研究対象の文化をその内部の視線で理解することは、妖怪を理解する手がかりだからです。先ほどの山村の宗教者にシャーマンというラベルを貼っただけでは、彼らの信仰内容や社会的役割を明らかにしたことにはなりません。むしろ妖怪研究では内部への詳細な探究こそが研究を進化させるのです。このことは、過去の文化についても、調査に赴くことができないため、文献や画像等からアプローチせざるをえませんが、同様に必要なことです。時代を超えて、文化を超えて妖怪を研究するには、そして世界の諸文化の中での妖怪文化を比較研究するにはとても必要なことなのです。

「シン・妖怪学」の提唱

ところで、私の学問の立ち位置である人類学的視点からの説明はしましたが、私が『妖怪学新考』で提唱した「新しい妖怪学」すなわち「シン・妖怪学」は、そのような立場からのみの妖怪学ではありません。

妖怪は人間の想像力が生み出した文化です。人間によって生み出された妖怪はさまざまなところに人間によって住まわされました。信仰的知識の中に、伝説や昔話の中に、絵画や彫刻の中に、芸能・演劇の中に、遊戯の中に、近代以降は映画や漫画、アニメなどの中に。それればかりではありません、食品や衣服、文具など生活文化の中にまで。これを踏まえて私はそれらを総称して「妖怪文化」と呼ぶことにしました。これまではおそらく「妖怪文化」という言葉はなかったのではないでしょうか。それがいつの間にか、妖怪を取り巻く事象全体が、「妖怪文化」という言葉で呼べるほどになりました。当然のことですが、妖怪を生み出したのは人間ですので、妖怪を研究していると、それを生み出した人間のことを考えざるをえなくなってきます。妖怪研究は妖怪文化研究であり、つまるところ人間研究なのです。

文化現象としての妖怪、すなわち至るところに住みついている妖怪を研究するには、とても一人ではできません。学問分野一つで研究し尽くせるものでもありません。私の場合は先ほど述べたように、文化人類学や民俗学からアプローチしますが、日本の妖怪文化の全体像を把握するためには、学際的、総合的に妖怪を研究する必要があります。文化人類学、民俗学、文学、宗教学、歴史学、絵画・造形学、芸能・演劇学、生活学、建築学等々、妖怪に関わりがある分野で妖怪に関心を持ち、研究もしているような方々の研究成果を持ち寄って、総合的に妖怪文化を明らかにする。私はそれを「シン・妖怪学」と呼んでみたわけです。一九九四年の自著では『妖怪学新考』というタイトルで表現しましたが、今流行《はや》りの言葉を使えば「新・妖怪学」ではなく「シン・妖怪学」ですよね。

このような観点から妖怪を研究しようと呼び掛けたところ、さまざまな分野から思いのほか多くの方の賛同を得て、これまで多くの研究成果が生まれ、その成果は学術の世界を超えて広く世間一般にも知られるようになってきました。妖怪に関する展覧会が日本各地で開催されているのは、その証左でしょう。もちろんその理由は妖怪研究が注目されているというよりも、妖怪文化への関心が高まったということのようですが、その蔭に研究者の研究成果があるということは間違いありません。

私の妖怪研究の目的と特徴

しかしながら、私が妖怪研究を大真面目に始めた当初は、学者からも世間からも冷ややかな眼差《まなざ》しで見られていました。妖怪など迷信の名残で価値の低い、B級、C級の文化で研究する価値などあまりない、好事家の遊びとして暇つぶしにするような対象と見なされていたのです。

そこで私は、そうした批判的な物言いをする方々を説得するために、次のような研究意義を掲げました。

（1）日本文化・歴史における「妖怪」の役割や重要性。日本の文化史の中に妖怪を位置づける

（2）その学問的な研究方法の開発や関係資料を発掘する
（3）学際的、総合的な学問研究の新領域としての妖怪研究分野を創出する（縦割り的な研究を超える）
（4）（3）を通じて、日本の妖怪文化が、世界にも稀《まれ》なほど豊かな内容を持つものであることを示す
（5）（4）の成果を、現代文化創造のための文化資源として提供する
（1）から（5）は、二〇一九年の平成天皇最後の講書始の儀で、一五分ほど御進講を行ったとき、宮内庁に提出した私の原稿のエッセンスです。

以上、述べてきたことから、「シン・妖怪学」とは何かということが、おわかりいただけたかと思います。この学問は文化のあらゆる領域に住みついている妖怪を、学際的、総合的に研究し、その成果を国内外に発信しようという学問です。

こうした視点からの妖怪研究は、近年、著しい発展を遂げていますが、その背景には現代の私たちが置かれている環境の変化があります。デジタル化です。インターネットを通じて、いろいろな情報を集めることができる時代なのです。

私が妖怪の研究を始めたころは、例えば本書でこれから紹介していく絵巻物一つでさえ全部を見せてもらうことはできませんでした。東京国立博物館に、自分の大学の先生の紹介状を持って訪ねて行っても門前払いをされるような時代でした。そのとき「あなた、大学院生でしょう。もっと偉くなってから来なさい」などと言われた記憶もあります。本当に悲しい時代でした。しかし、個人蔵の未公開資料は別として、今ではインターネットでその絵巻を検索すると、だいたい出てきます。古書店などに専門家が驚くような資料が出たときにも、画像で見ることができます。研究室で、あるいは自宅で、カラーの精密な画像を、しかも拡大して、絵巻ならば全場面を見ることができる時代なのです。

そういう環境の中で、新しい妖怪文化研究が展開されています。近年の妖怪研究の進展には、妖怪画像が容易に見られるようになったことがあるでしょう。私も、画像に非常にこだわってきました。

以下の章では、それぞれ、絵巻を中心に画像を眺めながら、謎解きをしていきましょう。

第2章　謎解き（1）——『信貴山縁起絵巻』山崎長者の巻

なぜ、鉢は飛ぶのか

私が絵巻の絵の「謎解き」を始めた出発点は、『信貴山縁起絵巻』の空飛ぶ鉢（「山崎長者の巻」所収）に出会ったことにありました。

日本の四大傑作絵巻と言われるのは、『源氏物語絵巻』『伴《ばん》大納言絵詞《えことば》』『鳥獣人物戯画』と、この『信貴山縁起絵巻』です。国宝にもなっています。若いころの私は、『信貴山縁起絵巻』について何も知りませんでした。ただ、高校の教科書か、国文学関連の書籍の口絵で、この絵巻の一場面を見た記憶はありました。

その奇想天外さにびっくりして、「こんなに不思議で面白い物語があるんだ」と、ずっと印象に残っていました。その後、大学院の修士課程に在籍していたころですが、『信貴山縁起絵巻』について、人類学の方法で分析・研究しようと思い立ちました。そこに描かれた、空飛ぶ鉢に非常に興味を持ったからです。

この話と絵は、『信貴山縁起絵巻』独自のアイディア、独自の構図なのだろうか、それとも当時の、これに類した話が広く流布していたのだろうか……。こういうことがとても気になりました。

日本で絵巻物がつくられ始めたのは、だいたい平安時代後期もしくは鎌倉時代初期です。しかもありがたいことに絵巻の絵には色がついていました。『今昔物語集』や『宇治拾遺物語』などの説話集では、そこに収められている話は文字だけの物語です。ですので、そこに語られている様子は自分で想像するしかありませんでした。映画や漫画、テレビに囲まれて育った私には、それがなんとも、もどかしく思えていました。その点、『信貴山縁起絵巻』はその説話集に収められた話をもとにして、絵と詞書《ことばがき》から構成されていたので、素晴らしいと思いました。当時は、この絵巻の私が見たい場面を現在のように簡単には見ることができませんので、見るまでに多くの時間を費やしました。その分それをようやく見ることができたときの感動は大きいものでした。信貴山をめぐる物語の世界にどんどん誘い込まれていったのです。

『信貴山縁起絵巻』は全三巻で成り立っていますが、ここで主に取り上げるのは一巻目と二巻目です。「縁起」と題されていますが、話は信貴山の寺（現在の朝護孫子寺《ちょうごそんしじ》）で修行をしていた命蓮《みょうれん》というお坊さんの霊験譚です。最初は「山崎長者の巻」。京都

米蔵を運び出す鉢（『信貴山縁起絵巻』〔模本〕山崎長者の巻）

と大坂のあいだ、現在はサントリーのウイスキー工場などがあることで知られる、山崎に住んでいた長者の物語です。

鉢が飛んできた場面を見てください。右のほうにいる人々は、びっくり仰天あわてふためいています。左のほうには米蔵があります。そして米蔵の下のほうに、大きめの鉢が見えます。お坊さんが托鉢をして回るための鉢——一軒一軒回って食べ物やお金を入れてもらう鉢です。

その鉢が山崎長者の家に毎日飛んでくるわけです。河内国《かわちのくに》の信貴山という山から飛んできた鉢に、普段なら人々がお米などを入れて返すのですが、忙しかったため、その鉢に食べ物を何も入れないでいました。するとしばらくして、しびれ

米蔵を追いかける長者たち（同）

を切らした鉢が、米蔵をそっくり持ち上げて信貴山に運んでいく、という場面です。すごいですね。

驚いた山崎の長者は馬に乗って、その米蔵を追いかけていきます。鉢が運んでいく蔵は、やがて信貴山に辿《たど》り着きます。

そこには命蓮というお坊さんがいました。長者は、かくかくしかじか、と説明します。お宅から飛んできた鉢が蔵をここまで運んでしまったので、返してくれませんか、と交渉します。

すると命蓮は「そうか、私は知らなかったけれど、それではさぞ困るだろうから返してあげよう。ただし、幾ばくかの米俵と、せっかくここまでやって来た米蔵も置いていきなさい」と答えます。そ

お米を返してあげる命蓮（『信貴山縁起絵巻』〔模本〕山崎長者の巻）

うして米の大半を、鉢に載せて返してやります。

鉢が飛ぶ、米俵や蔵を運ぶというのは、奇抜な発想です。私は、「こんな物語が平安時代の終わりごろにつくられていたのか。しかも色付き絵になっていたのか」と驚いたわけです。

鉢は、僧侶の命蓮が使いこなす

『信貴山縁起絵巻』二巻目は、都の帝《みかど》と河内国信貴山に住む命蓮というお坊さんとのあいだの物語「延喜加持の巻」です。

延喜の帝すなわち醍醐《だいご》天皇が病気になり、いろいろな僧侶や陰陽師を呼んで祈《き》禱《とう》してもらったけれど、治りません。すると、鉢を飛ばして霊験を行うお坊さんが信貴山にいるから、そのお坊さんに頼んだらどうか、ということになります。それで都からの勅使が、命蓮のもとに祈禱の依頼にやって来ます。

命蓮は、「都に行く必要はない、私がこの山で祈禱をして病気を治して差し上げよう」と言います。勅使は「それだと、お坊さんが祈禱しているかどうか確かめられないじゃないか」と返答します。命蓮は「だったら、帝の病気が治るときには、剣の護《つるぎ》法という、きらきら光る童子の姿を夢の中で見せることにしましょう。そのときこそ帝の病気は治るはずです」と答えます。

①の絵は、「剣の護法」が、信貴山から都に飛んで来る場面です。そして②の絵のように内裏に降ります。

この御簾《みす》の向こう側に天皇がいるのだと思いますが、「白昼夢のように、きらきら光るものを夢で見た、そうしたら気分がすっきりして病気がよくなった」と天皇は言います。それで、命蓮の祈禱が効いたことがわかるわけです。勅使は再び山を訪れ、命蓮にお礼を伝えた、というお話です。

私は、なぜ鉢が飛ぶのか、ということにたいへん興味を持ちました。これが私が抱いた最初の謎です。そこで調べました。多数の説話集に、まとまった形で鉢が飛ぶ話

剣の護法（『信貴山縁起絵巻』〔模本〕延喜加持の巻）

があるわけではありませんでしたが、『今昔物語集』の中にあったり、『古事談』という説話集の中にあったりして、あちらこちらから同様の話を見つけることができました。

山で修行をしているお坊さんは、鉢を飛ばす法術・呪術を心得ている、という話がそれらの説話集に載っていました。いいお坊さんもいれば、悪いお坊さんもいました。

「飛鉢法」が意味するものは？

興味深い話なので、ここに一例を引きます。

浄蔵《じょうぞう》という天台系のお坊さんが、北山で修行をしている。そして鉢を飛ばして都から食べ物を集めていた。夕方には自分の鉢が都のほうから帰ってくるのですが、ここしばらくは空っぽの鉢が戻ってくる。どうしてなのだと思い、自分の鉢が帰ってくる時間帯に、都のほうをずっと眺めていたところ、鉢が戻ってくるのが見えました。ところが、自分のものではない別の鉢が飛んできて、自分の鉢が集めた食べ物を、その鉢が奪い取って、さらに山奥のほうに運んで行ってしまったのです。浄蔵はその鉢を追いかけて……、という話です。

どうもその当時、山で修行を積んだ人間が鉢を飛ばす法術（飛鉢法《ひはっ》）について、お坊さんを中心とした人々のあいだで知られていたようです。

信貴山の命蓮の鉢もその一つであることがわかりました。これで謎は解けたわけです。私は説話の中のことですので、実際に鉢を飛ばすことなどできるはずがないから、山で修行を積んだ僧の霊力を誇張して語ったのだろうと思いました。

しかし、このような飛鉢譚がたくさんあり、しかも僧が鉢を飛ばす呪術を「飛鉢法」と呼んでいる。また、密教には護摩を焚《た》いて祈る「息災法」や「増益法《ぞうやく》」「降伏法《ごうぶく》」といったたくさんの修法《しゅほう》（呪法）があるので、そのころの山岳修行僧のあいだで実際に「飛鉢法」というのがあって、まことしやかに伝えられていたのかもしれないと考えました。

そういう「飛鉢法」を記した法術書つまり経典があったとすれば、そこにはどんなことが書いてあるのか。またあったとすれば、大陸から伝えられたのか。あるいは日本独自でつくられたのか。そこでまた、疑問が湧いてきたので、これも調べたくなりました。

まず、そういう内容が書いてあるお経や唱えごとの書物はないだろうかと思い、探しました。

簡単に探し出せたわけではありませんが、いろいろな人に訊《き》いたり、そういうことを研究している人がいないか調べたり、尋ね回ったりしました。そうしましたら、日《に》本大蔵経《ほんだいぞうきょう》や大正新修《たいしょうしんしゅう》大蔵経《だいぞうきょう》といったお経の集成の中に「飛鉢法」と名付けられた書物が収まっていることを教えてもらうことができました。

書いてある内容自体はそれほど重要なことではありませんでした。修行で深山《みやま》に入り、食べ物も制約し、長い年月瞑想《めいそう》していると、やがて鉢を飛ばすこともできるようになる、ということに簡単な内容でした。でも、私は驚きました。

さらにこの法が大蔵経のような経典集成に載っているだけでなく、門跡《もんぜき》寺院である青蓮院《しょうれんいん》には「飛鉢法」と題された写本も残っていることもわかりました。大蔵経のもとになった文書かもしれません。どうもお坊さんのあいだでは、「この法術を身に付けると、居ながらにして鉢を操ることができる」とまことしやかに考えられていたようです。このような修法がひそかに師匠から弟子に伝えられていたのです。これも驚きでした。

ところが、ある日、私のそれまでの努力が一瞬で吹き飛んでしまう本に出会いました。そのころの私は、人類学の理論書を中心に英語とフランス語の文献を一所懸命読んでいて、そこで得た方法で「信貴山縁起」を分析できるのでは、と思っていたのですが、日本文化についての知識は民俗学からのものが中心であって、国文学や宗教史、美術史についてはまことに貧弱なものでした。

神田の古本屋をめぐり歩いていて、藤田経世・秋山光和著『信貴山縁起絵巻』（東京大学出版会、一九五七年）という小ぶりの本を見つけたので、手に取ってみたら、そこには、私がこれまで調べたことがすでに要領良くまとめられていたのです。ショックでした。私の研究は振り出しに戻ってしまったのです。私は自分の無知を恥じるとともに、論文にするのは難しいと思いました。

また、専門分野に限定した知識での日本文化を素材にした研究の難しさも悟りました。この経験はその後、自分自身が学際的な知識を持たねばならないという反省となり、これがさらに学際的共同研究の促進へと進むきっかけともなったと言っていいでしょう。

剣と鉢はセット（対）ではないか？

先行研究の内容と自分が抱いた疑問とが重なっていて、もう論文にはできないけれども、それと同じようなことを自分なりに解いたことには満足感がありました。こうした失敗を繰り返しながら新しい研究成果に至るのだということも痛感しました。

そんな思いを抱いて、絵巻の絵を眺めていたときでした。ふと、次のような考えが浮かびました。「一巻目の鉢が飛ぶこと、そして二巻目で剣の護法という童子が空を飛ぶことは、セット（対）になっているのではないか」という考えです。つまり剣と鉢とはセットなのではないか、と思ったのです。剣は病気や悪霊、もののけを退治し

飛鉢（女性器）	剣の護法（男性器）
鉢	剣
豊穣・生	破壊・死
蔵	寺
山崎長者	命蓮
経済力	呪力
俗	聖
里	山
生産	消費

ます。鉢は食べ物（豊穣《ほうじょう》）をもたらします。剣が男性的な役割を持つとしたら、鉢は女性的な役割を持っています。剣の護法と飛鉢はセットになっているのではないか、と。

鉢は女性器、剣は男性器の象徴的表現のようにも思えました。

これは、当時イギリスの人類学界を中心に世界的に関心が集まっていた相補的象徴二元論から浮かんだヒントでした。これに従って相補的な対立・二元論を仮説的につくってみました。

もし、両者がセット・対になっているとしたら、鉢の背後には、目に見えないけれども、剣の護法に相当する護法がいて、その護法が鉢を運んでいるのではないか、という疑問が湧いてきたのです。

そこで、この観点から改めて調べました。調べた結果、私が予想した通りであることがわかりました。時代は下りますが、『聖誉抄《せいよしょう》』という一五世紀中ごろの書物の中に、剣の護法を用いた命蓮上人について書かれた話がありました。

命蓮上人の護法をつかひて玉ふ。一には剣蓋護法、其《そ》の形、剣を以つて衣とせり。一には、空鉢《くうはつ》護法、其の形、蛇形なり。鉢を首に戴《いただ》く。

先に見た絵巻物の中では、蛇の姿の護法は描かれていませんが、あの場面は、護法を操って鉢を運んでいるところなのではないか。とすれば、飛鉢法とは護法を操る法だったのかも、ということが浮かび上がってきました。
実際に、『聖誉抄』の中に書かれた物語に、こうあります。

昔、山崎に住しける男、信貴山に参じて福祐を祈る。霊夢に云《い》ふ。福分を与ふべし。但し、毎朝一人の僧鉢を持ちて行すべし。必ず供養せば、福分汝《なんじ》が所望に随《したが》ふべし云云《うんぬん》。彼《か》の男、下向の後、福貴申計なし。大福長者となりぬ。時世、山崎の長者と云ふ。夢想の如《ごと》く、毎朝一人の僧鉢を持ちて来ること常なり。供養する事、又懈怠《けたい》無し。あまり年久しく此《こ》の如くありければ、或《あ》る朝、長者が家族むつかしがりて、只《ただ》、黒米を鉢に入れて奉り、あまつさへ、魚肉を鉢に投げ入れてかえしぬ。此僧、鉢を持ちかへるとき、或る河の中にて鉢を洗ひ、捨てしまふ。其の時、彼の長者が庫蔵悉《ことごと》く飛びて、信貴山に来たりて、長者貧窮となりぬ。長者が家の礎の石、飛び来たりて、信貴山に著く。今、蔵尾にあり。長者が蔵の棟木は、あぜ蔵に納まりぬ。是《こ》れ空鉢護法の僧と現じて致し給《たまひ》しなり。

信貴山に住んでいた男が、自分を金持ちにしてくれ、と願ったところ、夢に毘沙門天《びしゃもんてん》（信貴山の本尊）が現れ、こう告げました。「お前を金持ちにしてやる。ただし、次のことを守れ。毎日欠かさず、托鉢に回ってくるお坊さんの鉢の中にきちんとご飯を入れて供養しなさい。そうすれば金持ちになるだろう」

実際、毎日お坊さんがやって来た。そしてお告げの通りに毎日、鉢に食べ物を入れていたら金持ちになった。ところが、あまりにも長い期間、そのお坊さんがやって来るので、ついつい家族は面倒になって、黒米（玄米）と余っていた魚の類いを鉢に入れたところ、お坊さんは、すぐ近くの河（淀川でしょう）で鉢をきれいに洗って、流してしまった。すると、米蔵が信貴山のほうに飛んで行ってしまった。その後、山崎の長者はまたもとの貧乏人になってしまった。これは「空鉢護法」――元の姿が蛇である護法――が、お坊さんの姿になってそこを訪ねていたのだ、という話だったのです。

やはり、剣と鉢はセットでした。鉢は護法（空鉢護法）によって運ばれていたというわけです。

こうして謎は解けたのですが、調べていく過程でまた新たな謎が出てきました。

空鉢護法の画像があった！

というのも、剣の護法関連の説話を調べてみると、命蓮と同じような山岳修行系の高僧にも、やはり童子の姿をした護法、すなわち護法童子は対《つい》で従っていることが多かったからです。

そこで、実際には見えないのですが、鉢の蔭に蛇がいるのではないか、と思いました。その蛇が描かれているとしたら、どんな形に描かれているだろうか。蛇の姿が見たいと思った私は、さらに一所懸命探しました。

実際に信貴山に行くと、空鉢護法堂と剣鎧《けんがい》護法堂という、護法を祀ったお堂がありました。その寺で「空鉢護法の姿が描かれた画像はありませんか」と尋ねたのですが、「そんなものはないよ」と言われました。

ところがあるとき、空鉢護法の姿が描かれた画像があることを知りました。といっても、時代がだいぶ下った室町時代の命蓮上人を描いた掛け軸の中でした。その上と下の端に、鉢を戴《いただ》いた龍蛇（空鉢護法）と剣蓋童子が小さく描かれていたのです。寺の方が「そんなものはないよ」と言うのも当然です。この画像は命蓮上人の画像なのです。対の護法が端っこに描かれていることなど忘れていたのでしょう。

私がこれに気づいたのは、命蓮上人の画像の写真を載せた論文の中でのことで、残念ながら、当時の写真印刷では白黒の上に不鮮明でした。

それで、カラーで鮮明な写真が欲しいものだと思っていたのですが、なかなか機会がありませんでした。それがようやく実現したのは、奈良国立博物館で二〇一六年に開催された「国宝　信貴山縁起絵巻」展の折にこの画像が出品されたときでした。

画像は掛け軸で、だいぶ劣化しているものの、右上のほうに、鉢を頭に載せている龍蛇の姿が描かれています。左下のほうには、剣を持った剣蓋童子が描かれています。剣は棒のように見えます。やはり「鉢」と「剣」は対で描くのだとされていたようです。

そこで、私はさらに疑問を抱きました。対になっている護法は、命蓮上人だけが操ったとは言えないのではないか。ほかの山岳修行者や、験力がすぐれた僧侶も、対の護法を用いているのではないか、と。

そう思って探した結果、護法を用いた高僧はたくさんいて、しかも護法の多くが対であることがわかりました。千日回峰行の祖と言われる比叡山無動寺の相応《そうおう》というお坊さんにも「乙護法《おとごほう》」と「若護法《わかごほう》」という対の護法童子が従っていて、それを操ったという話が、彼の伝記や関連説話に出てきます。

命蓮上人像（上：空鉢護法［蛇体］、下：剣蓋童子）

姫路にある書写山円教寺《えんぎょうじ》の開祖である性空《しょうくう》という上人も、「乙護法」と「若護法」を操った、とあります。性空上人はいろいろな山で修行を重ねてこの山に至ったようです。修行の最中、洗濯物を早く乾かすために、乙護法と若護法を使って洗濯竿を持たせ、空中を飛ばしたそうです。面白いですね。

また、越前の白山の開山・泰澄にも「立行者」と「臥行者《ふせのぎょうじゃ》」が従っていたといいます。立っている行者と坐《すわ》っている行者です。これも二人の、しかも対になっている護法童子ですね。さらに、修験道の開祖である役行者《えんのぎょうじゃ》の絵や彫像にも、「前鬼」と「後鬼」の二人の鬼がつき従っています。こちらもやはり対になっています。

いまに生きる護法童子

書写山の円教寺には、若いころに研究仲間たちと泊めてもらったことがありました。円教寺では、信貴山と同様、護法が祀られています。実際に乙護法と若護法の二つのお堂があります。

このとき、とても興味深い話を聞かせていただきました。この寺では年の始めの修《しゅ》正会《しょうえ》という重要な行事をしますが、その行事の満願の日には、正月の節分にあたる鬼追いの行事が行われます。二匹の鬼が出てきて追い払われる行事です。この山の麓に住む梅津さんは、この鬼役を代々務めることになっており、性空上人の護法童子の子孫だと言われています。

当時のご当主によれば、昔は性空上人の護法の子孫で鬼役をするということもあって「いろいろな特権を持っていた」と言っていました。例えば、書写山にある木を伐《き》って薪《まき》などに用いたり、そこに生える山菜、松茸などのキノコ類は自由に採って使用したりできたそうです。

全国各地に、それに類した話があります。書写山の護法の子孫が鬼役を務めていたということは注目すべきことです。護法童子は鬼と見なされていたのではないでしょうか。

補い合う関係——背後にある不動明王信仰

さらに、こんなこともわかりました。

先ほど述べたように、命蓮の護法が「剣」（童子）と「鉢」（龍蛇）であったように、性空や相応などの験力が優れた高僧に従っていた護法は二人というだけでなく、二人の護法の性格や行動が真逆です。例えば、一方が善の性格ならば、もう一方は悪なる性格を、もっと具体的に言うと、一方は、従順で争いを好まない柔和な性格であるが、もう一方は主人である僧の意に反したことさえする乱暴者であるといった、互いに対立する性格が付与されている可能性が高いということです。そのために護法は二人セットとして語られたのではないでしょうか。

このことを暗示するのは、護法関連の伝説を読むと、護法は修行を積んだ僧が毘沙門天から授かったとする話と、不動明王から授かったという話があることです。とくに時代が下ると、後者が多くなってきます。

経典に「儀軌」(こう描きなさい、という説明)というものがあります。仏像や仏画をつくるとき、このような決まりを守ってつくりなさいといったことを細々と記したものです。それによれば、不動明王には「勢多迦童子《せいたかどうじ》」と「矜羯羅童子《こんがらどうじ》」の二人の脇侍を配するとされています。この二人の童子が高僧に与えられると、高僧の護法童子になるのです。

その儀軌には勢多迦童子は性悪、恵徳、俗体、肌の色は赤、棍棒《こんぼう》を持つ、矜羯羅童子は性善、恭敬、定徳、法師体、肌の色は白、蓮華《れんげ》の冠をつけ、手に独鈷《とつこ》もしくは合掌、とされています。実際、その画像や彫像を見ると、勢多迦童子は棍棒を持って、

不動明王と二童子（右：矜羯羅童子、左：勢多迦童子）

筋骨たくましく、乱暴そうな童子ですが、矜羯羅童子は合掌したり、蓮《はす》の葉を持っていたりしていて、表情も柔和です。

中国からやって来て比叡山の高僧たちを襲撃する是害坊《ぜがいぼう》という天狗の物語を描いた『是害坊絵巻』という絵巻がありますが、そこに高僧に従う勢多迦童子と矜羯羅童子が力を合わせて是害坊を撃退する場面があります。その二人の姿もこうした相補二元的な性格がわかるように描かれています。

こうした探究の結果を踏まえると、『信貴山縁起絵巻』の剣の護法と空鉢護法には、相補二元的な役割を与えられた護法が隠されていることが明瞭になってくるはずです。もう一度、本章の冒頭で紹介した、大きな鉢が米蔵を空中高く持ち上げて信貴山を目指して飛んで行く場面を見てください。そこには、描かれていない、見えないはずの蛇体の空鉢護法の姿が、私の目に浮かんできます。

みなさんにはどうでしょうか。『信貴山縁起絵巻』をめぐる謎の深掘りは第三巻の考察へとさらに続くのですが、このあたりで一休みして、本格的な「妖怪探し」に移りましょう。

第3章　謎解き（2）——見えない「もの」の画像を探す

目に見えない「もの」

さて、このようにして調査を進めていくうちに、私の関心は絵巻に描かれた、普通の人の目には見えない「もの」に向かいました。先述した「剣の護法」は宮中に降りてきました。降りた先に内裏の様子が描かれていますが、御簾の向こうや「もののけ」の姿は描かれていません。そこにいるのが醍醐天皇ですから、その姿を描かないようにしたのはわかります。まして、もののけも天皇に乗り移って病気にしているのだから描かなかったのだろう、と最初は思っていました。

ところが、だんだん、「なぜもののけは描かれなかったのか」「当時の人はもののけの姿をイメージできなかったのだろうか」「いやいや、説話集に載っている話では鬼の姿をこれこれと語っているぞ」「ならば、もののけの画像だってあるはずだ」「もしあったらどんな姿をしているのだろう」と思うようになりました。

そこでまた調べ始めました。でも、ちょっと心配でもありました。調べても調べても見つからなかったら、それこそくたびれ儲《もう》けです。しかし、私はあるという予感を抱いていました。というのは、絵巻や掛け軸には、やはり見えないはずの「もの」、つまり神様や仏様がすでに描かれていたからです。『信貴山縁起絵巻』の「剣の護法」も普通の人には見えない「もの」です。天皇は夢うつつのときにきらきら光を放つ「もの」を見ただけですが、それを絵巻ではしっかり描いています。

こうして、目に見えない「もの」が絵画表象されている作品に興味を抱いた私は、それ以降、意識的に絵画資料を集めるようになりました。見えない「もの」を描いた資料を探していくことが、私の重要な課題になっていったわけです。

そうして絵になったもののけを、絵巻の中に探し始めました。見つかりやすい絵巻があるかを考えたとき、先に述べたように護法を操っていたのが僧侶（高僧）でしたから、そういう宗教者が描かれた絵を探すと見つかりやすいと思いました。そこで、お坊さんが祈禱を捧げている場面を描いた絵巻がないか、探しました。病気を治すために祈禱をおこなっている場面などです。

『信貴山縁起絵巻』では、鉢を飛ばす呪術の宗教者として、密教のお坊さんが描かれていました。しかしそれに限らず、さまざまな宗教者がもののけや邪気を追い払う、と説話の中では語られています。

その意味で、陰陽師も病気の人の祈禱のために天皇や貴族に呼ばれますから、陰陽師の絵も探しました。さらには同じ理由で、巫女《みこ》の絵も探しました。もののけや妖怪を退治する役を担った武士の絵も探しました。これらを順次調べて辿っていったわけです。

左頁の図は、北野天満宮の縁起である『北野天神縁起絵巻』の一場面です。さまざまな宗教者が一堂に会しています。

この図の右上には、おそらく先ほどの『信貴山縁起絵巻』に登場した命蓮《みようれん》のような密教系の僧侶が呪術的な活動をしています。

ここで興味深いのは、女の人に向かってお坊さまが一所懸命にご祈禱をしていることです。この女性は、病人本人である場合もありますし、病人を介護する人の場合もあります。いずれにしても、女性も同席した場所で僧侶がご祈禱しているな、ということに興味を引かれました。

このことはやがて、後述する女性の出産場面に私の興味を誘《いざな》って行きました。

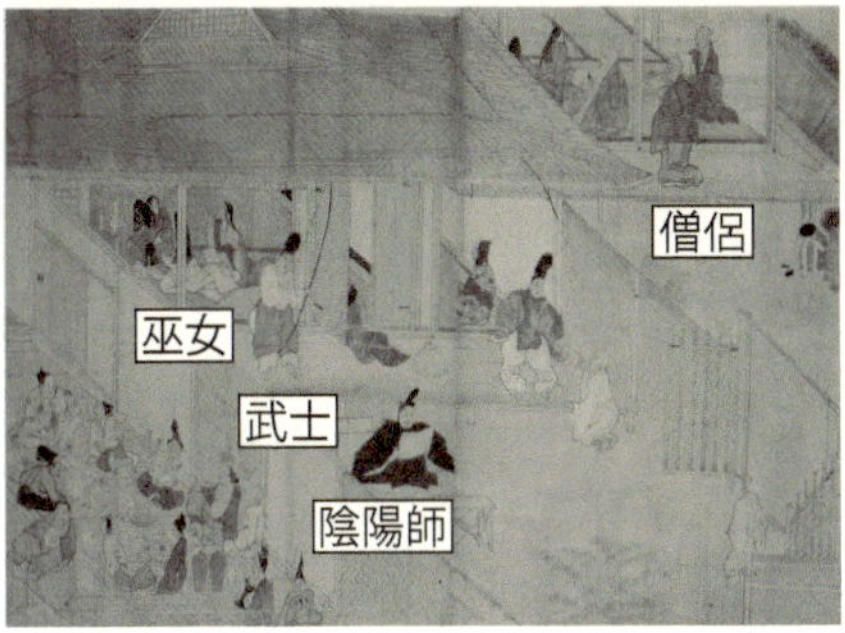

祈禱する４種の宗教者
（国宝　北野天神縁起絵巻　承久本）

四種類の宗教者――僧侶、陰陽師、巫女、武士

『北野天神縁起絵巻』の説明に戻ります。密教のお坊さんは、さまざまな人のところに呼ばれていって祈禱をします。大河ドラマ『光る君へ』の登場人物を例にとれば、道長の娘・彰子は中宮になって一条天皇の子を宿し、実家である土御門《つちみかど》邸に帰って出産を迎えます。天皇のいる屋敷では出産しないためです。そのとき、たくさんのお坊さんがご祈禱させられます。なぜかというと、出産はその時代には非常に危険度が大きく、お腹の子ども、あるいは母親が、もののけに取り憑《つ》かれて死んでしまうかもしれない、と思われていたためです。そのように多数のお坊さんが動員されている場面が、ドラマでも忠実に描かれていたので、興味深く思いました。

見えない「もの」を操る、ということに関して、私のもう一つの関心は図の下の陰陽師でした（後述）。陰陽師は、お経ではなく祭文《さいもん》を読んでご祈禱をしました。素朴ではありますが、祭壇をつくってご祈禱をしているので、彼らも当然宗教者の仲間に入るでしょう。

巫女さんも同様です。この絵では、図の左上で霊に取り憑かれている女の人を誰かが支えていて、少し年を取った巫女が、お米を撒《ま》きながらご祈禱をしています。

図の中央にいるのは、武士です。今でも天皇家では、「悪魔祓い」の名目で鳴弦の儀が行われます。弓矢を鳴らして悪霊を追い払うという儀式で、鏑矢《かぶらや》という特殊な矢を使ってもののけ・化け物を退治するのです。これを行っていたのが武士ですから、武士も呪術師の役割を持っているわけです。

大体この四種類の宗教者——僧侶、陰陽師、巫女、武士——が、日本の呪術的な宗教空間を構成していたのではないか、と考えられます。

出産ともののけ——『紫式部日記』

少し話を戻しますが、先ほど述べた道長の娘で中宮の彰子が実家で出産をするときの様子を詳しく記録した書物があります。『紫式部日記』です。その冒頭にその様子が記されていますので見てみましょう。日記なので絵はなく文字のみの記録です。密教系の僧たちを呼び、陰陽師たちも呼びます。出産が、母親だけでなくお腹の中の子どもにとっても命がけだった様子が、日記には書かれています。

『紫式部日記』によりますと、五壇の護摩壇がつくられます。不動明王や大威徳明王など、五大尊と言われる五体の仏神の掛け軸を掛け並べ、護摩を焚き、その前で弟子を引き連れたお坊さまがご祈禱をします。同時に、戸張りで囲われた場所に女の憑坐《よりまし》や験者《げんじゃ》がいる、と書いてあります。

彰子は道長の娘で、後に天皇となる子を産むわけですから、盛大に五壇の仏神を飾り、その前で五グループのお坊さまたちが不動明王だったり軍荼利《ぐんだり》明王だったりを拝んだのでしょう。

見えない「もの」つまり仏神の姿が図像化されていたことがわかります。

『餓鬼草紙』に描かれたもののけ

ほかにもさまざま探しているなかで、東京国立博物館が所蔵する『餓鬼草紙』の中に見つけました。少し高級な家での出産の場面が描かれています。間仕切りの向こうの右側の部屋でお坊さんが、もののけを追い払うためにご祈禱しています。

その手前に、着物がはだけたような女の人——憑坐——がいます。これも先ほどの『紫式部日記』の記述などを参照しないとわからないのですが、おそらくは憑坐役の巫女さんだと思います。お坊さんが祈っている隣の間仕切りがある左側の空間の中央に産婦がいます。こちらの女性はたくさんの女性に囲まれています。介護の侍女でし

出産の現場にいるもののけ（『餓鬼草紙』）

ょう。右手の老婆はいわゆる産婆で、今でいう助産師でしょう。

そして、探し求めていた「もののけ」もしっかりと描かれています。すごい姿ですね。この当時の言葉でいうところの「餓鬼」でしょうか。痩せこけて、髪の毛がぼさぼさで、骨ばった姿をしています。あわよくば産婦を、あるいは子どもを殺してしまおうと隙を狙っているようです。

他の場面もいろいろあります。奈良国立博物館所蔵の『餓鬼草紙』の中から、もののけを探しました。衣冠束帯を身に着けた貴族たちが、女の人とともに音楽を奏しながら、楽しげに宴会を開いているところです。このような貴族でも、もののけに憑かれたら命を奪われてしまいますよ、という

宴会にもいるもののけ（『餓鬼草紙』）

もののけの拡大図

少し皮肉が込められた場面です。

拡大図を見てみましょう。このような拡大図を高画質で見てもらえるようになったのが、現代のありがたいところです。

下の図の○の部分はみな餓鬼で、痩せこけています。まあ『餓鬼草紙』ですから当たり前ですが。こういう「もののけ」――「餓鬼」が、人に取り憑いて殺すのだ、と思われていたのです。当時の人々はもののけ、鬼というものをこういうイメージで理解していた、ということがわかると思います。

筋骨たくましい鬼と、餓鬼と

しかし同時に、筋骨たくましい、キャラクターとしての現代の鬼に通じる鬼（もののけ）も当時描かれています。一四世紀初頭の『春日権現験記絵巻』に見える鬼です。ここは庶民の家でしょうか。右のほうに病人がいます。吐いているそばで、吐いたものを犬が食べています。左下に見えるのは、民間の陰陽師です。民間の陰陽師はだいたい、お坊さんの姿をしていることが多いのですが、年を取ったお坊さんが式神《しきがみ》にあたるような若者に案内されながら、ご祈禱をした後帰っていく場面です。

屋根の上からのぞいている鬼は、白い褌《ふんどし》をつけ、筋骨たくましく、金槌《かなづち》ではなく木の槌を腰に差しています。どうもその槌で病人を叩《たた》いて、病気を悪くしていたようです。こういう姿は、私たちからすると、すぐに鬼だとわかりますが、先ほどの痩せこけた餓鬼はすぐに鬼だとは判断できないかもしれません。

このように当時の絵を見ていきますと、筋骨たくましい、いまの私たちにまで伝承されてきた鬼の像が当時すでにあるとともに、餓鬼のイメージも鬼にはあったことがわかります。

では次に、やはり出産の場面を描いた二〇〇年ほど後の『融通念佛縁起絵巻』を見てください。構図は、先に見た『餓鬼草紙』とほとんど同じです。右の男性は御幣を持ち烏帽子《えぼし》をかぶっているので、お坊さんではなく陰陽師だろうと思います。中央に産婦がいます。

そして左の奥のほうに、産婦の命を狙っているもののけ（鬼）が描かれています。体を半分のぞかせています。体は赤い色で褌を着け、角も生えています。少しひょうきんな感じもしますが、この絵ではもう、私たちが知っている鬼になっています。

ここから、餓鬼としての痩せこけた鬼のイメージがだんだん駆逐され、筋骨たくましくキャラクター化された鬼のイメージが支配的になっていったことがわかると思い

『春日権現験記絵巻』に描かれた鬼の姿

『融通念佛縁起絵巻』（義尚本）に描かれた出産

ます。

天狗像の変遷

ともかく、もののけというものは鬼になっていました。ほかにも、病気の原因になるようなもののけは、いくつかあります。天狗もそうです。

ただ、天狗の場合は少し特殊で、お坊さんの敵として現れます。仏敵ですから、お坊さんを病気にしたり、修行を妨害したりします。最初のころはそういう存在だった天狗が、だんだん民間に浸透していきました。

『春日権現験記絵巻』では、お坊さんの衣服を着た、くちばしを持った鳥――鳶《とび》がモデルだとされています――が描かれています。前章で触れた『是害坊絵巻』の天狗たちも同じ姿をしています、当時は天狗といえば、このような鳥類のような姿をしていました。現代の私たちがよく知る、鼻の高い天狗像が生まれるのは近世になってからです。

また、キツネがもののけの正体だとする話もありますので、安易に、醍醐天皇の病気の原因である「もののけ」を「痩せた鬼」と「筋骨たくましい鬼」のいずれかだろ

夢の中のこと、藤原季能のもとに現れた僧［天狗］が春日の神人を怖れて退散（『春日権現験記絵巻』）

夢の中のこと、藤原忠実のもとに現れた３人の僧［天狗］が春日の神人を怖れて退散（同）

鳥のような姿で描かれた天狗（『天狗草子絵巻』）

う と決めつけるわけにはいきません。もっといろいろな絵巻を調べてみる必要がありそうです。

それにしても、画像は文字だけではわからないことを明らかにしてくれる素晴らしい資料といえるでしょう。

第4章　謎解き（3）

——安倍晴明の画像探しから式神の発見へ

安倍晴明と式神

見えない「もののけ」やそれを追い払う「護法童子」の画像を探していたときのことです。あるきっかけで「式神《しきがみ》」やそれを操ったという陰陽師・安倍晴明の画像はないだろうか、と考えるようになりました。安倍晴明ブームが起きる前です。私が大学院生のころに遡ります。

偶然ですが、四国は高知県の山の奥、ちょうど県境にあたる場所で「いざなぎ流」という民間信仰に出会いました。もともとは、犬神の調査が目的でした。犬神が人に憑くとはどういう現象なのか、犬神を操る宗教者はいるのかといったことを調査するためには、村に長期間滞在する必要がありました。

私が入った物部《ものべ》村《そん》（現在の香美《かみ》市物部町）は、平家の落人《おちうど》集落だと言われ、小松という名字の人がたくさんいました。「現在でも犬神を落とす祈禱師がたくさんいるよ、その祈禱師も小松という名前が多いよ」と地元の研究者から聞きました。「その村は山深いところで、まだ閉鎖的な土柄であり、まして犬神の調査はしにくいかもしれないが、君と同じ小松の姓が多いから少しは調査しやすいんじゃないか」とも言われたので、その言葉を励みにこの村に入ることにしました。

最初は家族・親族や隠居制度などを調べながら犬神信仰のことも調べていたのですが、その流れで犬神を落とすという地元の宗教者のもとにお話を聞きにいくようになりました。地元では「太夫さん」と呼ばれている方たちです。その人たちの信仰知識の中に、人に憑いて病気にするという犬神を落とす方法も入っていたからです。彼らは自分たちの信仰知識を「いざなぎ流」と称していました。当然、「いざなぎ流って何だろう。どんな民間信仰なのだろう」という疑問が湧いてきて、あれこれ話を聞いていて、仰天しました。

なぜかというと、彼らは「式神」を使うからです。「式神」のことを「式」あるいは「式王子」とも呼んでいました。現在でも、お祭りや病人祈禱のときには式神をたくさん使います。しかも、式神を使って呪い殺すこともできるのです。彼らは式神を操作することを「シキを打つ」と表現します。平安時代の『今昔物語集』や『宇治拾遺物語』などにも、安倍晴明やその他の陰陽師が「シキを打つ」という表現が出てきます。それとまったく同じだったので、ひょっとしたらここにいる「いざなぎ流」の宗

祈禱する安倍晴明（『泣不動縁起絵巻』）

教者たちは、平安時代の安倍晴明の信仰の知識を部分的であれ受け継いでいるのではないか、と思うようになりました。

この「いざなぎ流」を理解するために、中央での陰陽道とは何だったのか、式神とは何なのか、安倍晴明とはどういう人物なのかについて、私は調べるようになったわけです。当時は安倍晴明について、ほとんど誰も研究していませんでした。一人だけ、大阪女子大教授の村山修一さんという方が、歴史学の立場から陰陽道の研究を始めておられました。

そうして探し出したのが、一四世紀の『泣不動縁起絵巻』（別名『不動利益縁起絵巻』）の中の図です。これが「式神」を描いた、もっとも古い画像だと思います。

式神たちに追い払われるもののけ（『不動利益縁起絵巻』）

最初、私は気づかなかったのですが、密教僧が使役する護法が二人対になっていることが多いならば、陰陽師が使役する式神も二人セット（対）で描かれているのではないか。安倍晴明の式神も二人セットで描かれているのではないか、と思って探しました。『今昔物語集』や『宇治拾遺物語』などでは、護法のように、式神は二人セットで陰陽師に使役されているとは書かれていません。でも、そういうことが頭の中にありましたので、この図の安倍晴明の後ろ脇に控えている二人の鬼のような、童子のような存在が式神だと気づいたのです。

画面では、安倍晴明が祈禱をしています。天台宗の年を取ったお坊さんの病気平癒のための祈禱です。そして祭壇の向こう側には、病気の原因である「もののけ」も描かれています。おそらく安倍晴明を描いたものとしてももっとも古い画像だと思います。

『泣不動縁起絵巻』には別の場面にも、同じ式神がもののけを追い払っている絵があります。この絵の中央には、病気で臥《ふ》せったお坊さん（智興《ちこう》上人）がいます。そして右側の空中に二人の式神がいます。左側にいる、赤くてほっそりしたもののけ——餓鬼ですね——を追い立てています。面白いですね。式神ともののけが、同時に描かれているのです。

おそらく密教の影響を受けて陰陽道の式神のイメージが形成され、そして二人セットで描かれるようになったのでしょう。残念ながら式神についての「儀軌」のようなものは、まだ発見されていません。もしかしたら、ないのかもしれません。私は何かがあるのではないか、と思い探していますが、まだ発見できていません。

この晴明の祈禱の場面は大発見でした。というのは、安倍晴明と式神ともののけが同一場面に描かれていたからです。といっても、美術史家はすでにこの絵巻を知っていたので、私の研究における発見というレベルのことですが。しかも、もののけは一体ではなく五体もいて、しかもこれを鬼といっていいか躊躇《ちゅうちょ》するような異形な姿かた

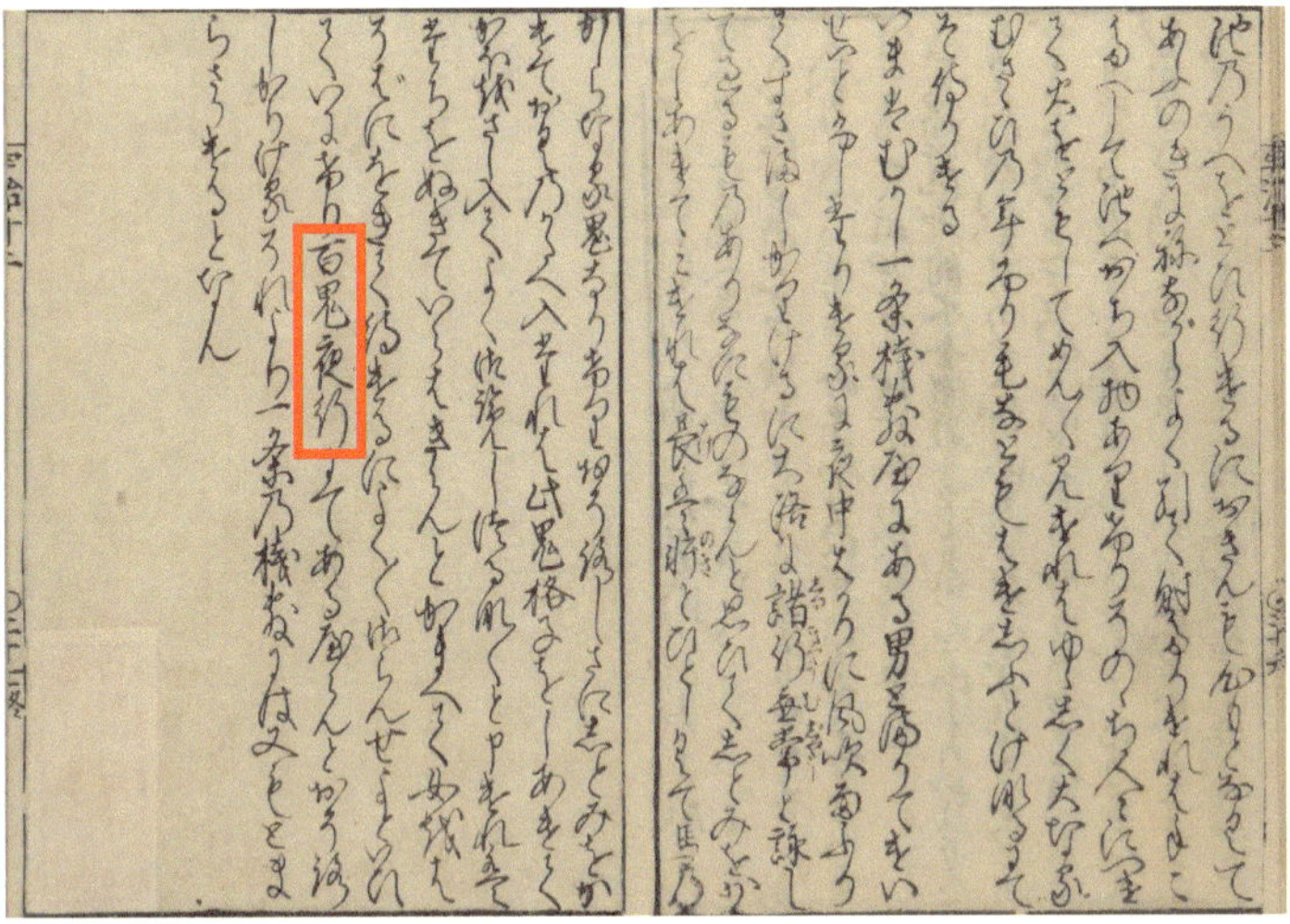

『宇治拾遺物語』のなかの「百鬼夜行」

ちをしているのです。これらの異形の者どもが高僧の病気の原因なのですから、もののけといってもいいでしょうし、疫病神《やくびょうがみ》といってもいいでしょう。今日ならば「化け物」とか「妖怪」と表現するはずです。でも、これも当時の人々には「鬼」と呼ばれていたらしいのです。

百鬼夜行との出会い

そこで、私が思い出したのが、やはり『今昔物語集』や『宇治拾遺物語』に語られている「百鬼夜行」でした。これは、夜中に都大路を、群れを成して歩き回る鬼たちを表した言葉ですが、それまでの私は、頭に角を生やした筋骨たくましい鬼たちの群れを想像していたのです。その鬼たちの肌の色が赤や黒、青、白、黄と違っているのも、陰陽道の五行説における五色だろうと思って済ませていました。

ところが、改めて「百鬼夜行」の説明を読み直してみると、私がそれまでイメージしていた「百鬼夜行」とは違っていたのです。

「百鬼夜行」の特徴としては、例えば『宇治拾遺物語』にある「鬼に瘤《こぶ》とらるる事」（瘤取り爺《じい》さんの話です）には、こうあります。「おおかた、やうやうさまざまなるものども、赤き色には青き物をき、黒き色には赤き物をたふさぎにかき、大かた、目一つある者あり、口なき者など、いかにも言ふべきにもあらぬ者ども、百人ばかりひしめきあつまり」云々《うんぬん》。

宴会を開くために、もののけたちが三々五々集まってきた、というわけです。いろいろな説話の中に描かれている多様な姿の「百鬼夜行」を見ていくと、だいたい次のように整理できます。

・手三つ、足一つ、目一つ……
・さまざまな鬼、獣、馬面、牛面、鳥頭、シカの形……

・怖ろしげなる鬼、目一つ、角、手多数、足一つ……
・裸、頭はかむろ、丈八尺、肌黒……
・赤い色の鬼は青い衣服、黒の色の鬼は赤い衣服……

先ほどご祈禱をしていた安倍晴明のところにいた「もののけ」（五体の異形の者たち）も、この「百鬼夜行」の鬼たちのイメージと重なってきます。これらも当時は鬼と見なされていたのです。

そこで、このようないろいろな種類の異形の者たちが群れをなして大路を歩き回っている絵がないかと探しました。絵巻というのは本当にありがたいですね。そのような場面を描いた絵巻がありました。先ほども触れた『融通念仏縁起絵巻』です。こういう鬼たちが群れになって行進すると、百鬼夜行になるわけです。それが109頁の上の絵です。

この場面は、疫病の原因となっている異形の者たちが病気にする人を探し求めて、大路を歩き回って、右手の家に入ろうとしているところです。しかし、この家の者が、この家は融通念仏宗の家だと言うと、異形の者たちが立ち去る、というところを描いています。

「つくも神」は道具の妖怪

この異形の者たちをよく見ると、いずれも異なった姿かたちをしており、描き分けられています。そして、先ほど述べた百鬼夜行と一致する、馬の怨霊や鹿の怨霊、あるいは多眼の鬼たちもいることがわかると思います。おそらくこの場面を描いた絵師はそのことを意識して描き分けたはずです。『泣不動縁起絵巻』の晴明祈禱の場面の五体のもののけも、やはり絵師は出自が五体とも違うもののけだと思って描いているようです。しかし、もはや私たちにはそのすべてを、何々の怨霊というように見分けることができなくなってしまっています。

しかし、丹念に調べてみると、これらの中に注目すべき「妖怪」――当時は鬼と見なされたはずですが――が交じっていることに気がつきます。その中には「つくも神」がいました。「角だらい」と「五徳」と思われる道具の怨霊です。

これは角だらいを縦にした形になっています。左側は五徳（鉄輪《かなわ》）です。五徳を逆さまにして胴体をつけています。

後に「つくも神」と呼ばれるようになる鬼たちは、このくらいの時期から描かれていたことになります。

群行する疫病神（もののけ）『融通念仏縁起絵巻』（クリーブランド美術館本）

鉄輪（五徳）　角たらい

道具が妖怪になるということは、人間がつくり出したものもすべて妖怪になれますよ、ということを意味しています。今までのようにシカだ、キツネだ、と言っていると、妖怪に限りがあることになります。人間が動物をつくり出すことはできないからです。

一方、道具は人間がつくり出すことができるので、ある意味で無限です。現代でもテレビや車に目鼻を付けたり、将来どんな道具ができるかわかりませんが、それらも妖怪化することができる、というわけです。

つまり、ここで日本の妖怪は、大きな転換を迎えたことになります。「つくも神」というものが生み出されたことが、日本の妖怪の世界を豊かにしていった、と言えると思います。

多数の妖怪が生まれる原点は「つくも神」

『百鬼夜行絵巻』という絵巻物がつくられますが、その一つを紹介したいと思います。いくつかありますが、典型的なものとして、最も古い真珠庵本の模本『百鬼夜行絵巻』（室町時代）を挙げます。

これは、たくさんの妖怪たちが行列をしている絵巻です。琵琶《びわ》だ、琴だ、錫杖《しゃくじょう》だ、扇だ……と、こういう鬼たち、道具の妖怪たちが次から次に、ぞろぞろと描かれています。そのような時代になったのです。

私たちがいま「妖怪」というとき、だいたい『百鬼夜行絵巻』の妖怪たちを想起するようになっています。その中心——豊かな妖怪文化が育まれていく大きなきっかけ——は、道具の妖怪を私たちの先祖が生み出し、たくさんつくってくれたことにあります。

いまでは、「つくも神」はたいへん人気があります。畠中恵さんの『つくもがみ貸します』という小説や、道具の妖怪を描いた絵本なども多く出版されてきています。そういう意味で、日本の妖怪の大きな特徴は、こういうところにもあるのではないかと思っています（序章を参照）。

「つくも神」が生まれた後の妖怪は、どんどん豊かな内容になっていきました。葛飾北斎が妖怪画を描き、歌川国芳が、月岡芳年が、河鍋暁斎が……と、いろいろな絵師により妖怪が描かれていったのです。そして人の性格まで擬人化され妖怪化されるようになりました。でも、その中心は、道具の妖怪が占めているのではないかと私は思っています。

妖怪たちの行列を描いた『百鬼夜行絵巻』

月岡芳年（『和漢百物語　頓欲の婆々』）

葛飾北斎（『百物語　さらやしき』）

河鍋暁斎（『暁斎百鬼画談』）

歌川国芳（『滝夜叉姫と骸骨の図』）

第5章　謎解き（4）——妖怪たちの前史とは？

角だらいと五徳（『土蜘蛛草紙絵巻』）

つくも神が登場する『土蜘蛛草紙絵巻』

この章と次章では、妖怪画像を手がかりに、もう少し深掘りした考察をしてみましょう。

妖怪という存在を考えるとき、『土蜘蛛草紙絵巻』は非常に面白い謎を与えてくれます。

『土蜘蛛草紙絵巻』は、土蜘蛛の妖怪が登場する話です。源頼光《みなもとのらいこう》が「土蜘蛛」の妖怪を退治したというよく知られた話ですが、その中には前章で述べた「つくも神」も描かれています。まずは見てみましょう。

ここには、先に述べた角だらいや五徳も描かれています。葛籠《つづら》に目鼻が付いた妖怪もいます。

妖怪は他にもまだいます。中央に見えるのは鳥系統の妖怪かもしれません。左下には牛か何かわからないような妖怪がいます。

とにかくこういう妖怪たちが描かれているのですが、ではなぜ『土蜘蛛草紙絵巻』には、こんなに多くの妖怪が出てくるのでしょうか。

土蜘蛛とは何者なのでしょうか？　たんに地中に棲《す》んでいる蜘蛛を意味するのではありません。土蜘蛛はかなり長い歴史を持った妖怪でもあり、『日本書紀』や『古事記』などにも描かれています。

もともとは、西からやって来た神武天皇が大和地方を征服し、国を確立しようとしたときに、反抗する先住民のことを「土蜘蛛」と呼んだという記述が見られます。『百鬼夜行絵巻』は、そのような、きっと由来のある妖怪たちを集めた絵巻です。『百鬼夜行絵巻』を見るとき、そこに登場する多種多様な妖怪には注目しますが、だいたいはそれ以上踏み込んで考えることがありません。

しかしこの章では、それらの妖怪たちには前史があるのだ、ということを述べたいと思います。

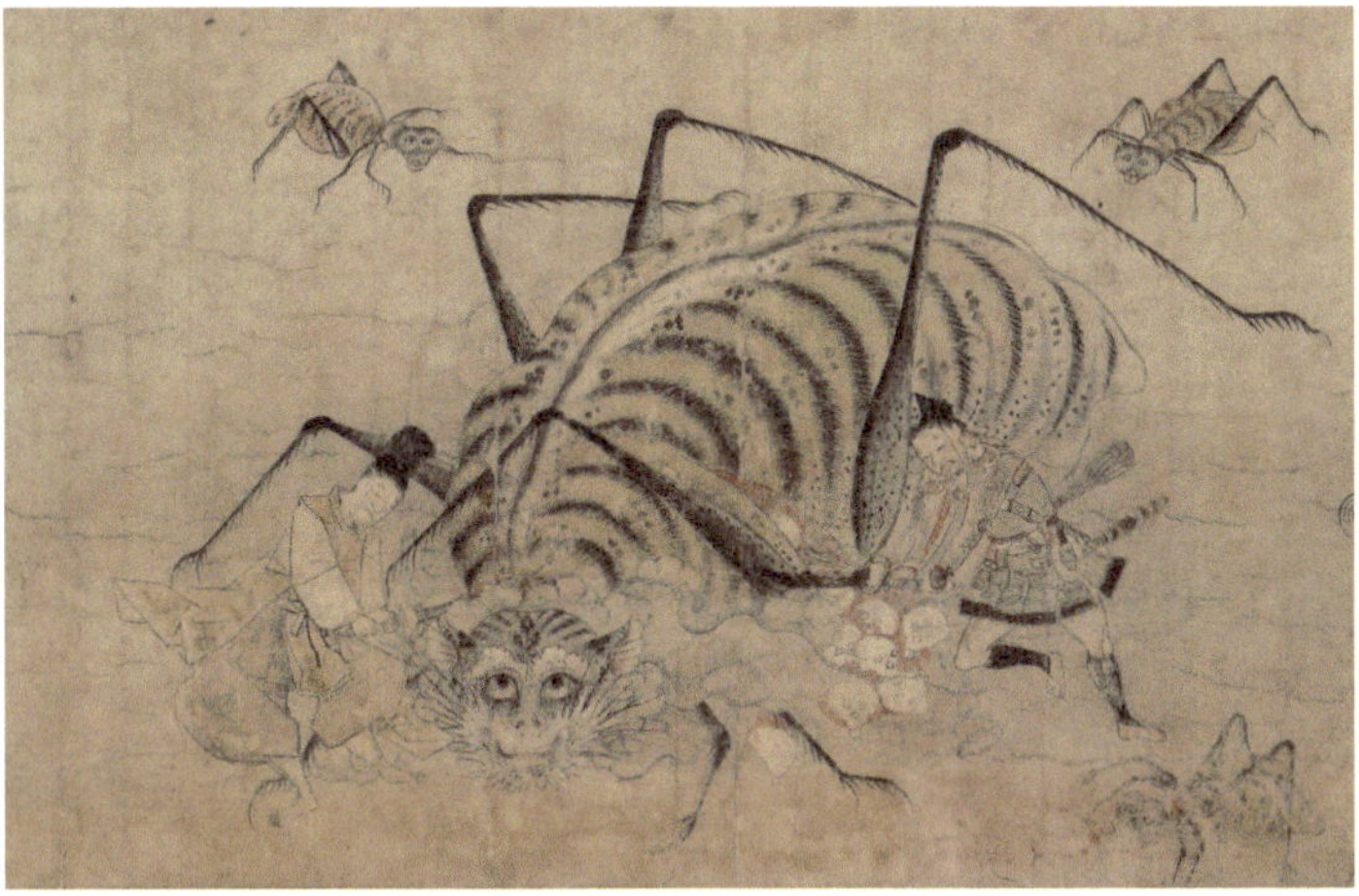

大きく描かれた土蜘蛛（『土蜘蛛草紙絵巻』）

宝刀「蜘蛛切」と鬼退治

前章までで述べたように、私は絵の中に描かれた妖怪に関心を抱いてきました。そして日本では非常に早い時期から、高僧の伝記あるいは説話集、日記、『源氏物語』のような有名な物語などが絵巻になってきました。

そういう絵巻に描かれた妖怪がたくさん存在する中で、つくも神が描かれている絵巻の一つが『土蜘蛛草紙絵巻』と呼ばれる巻物です。地中に棲む蜘蛛の妖怪である「土蜘蛛」を退治した絵巻物のことですので、絵巻物では、「虫」としての蜘蛛の姿が強調されています。

絵は、節足動物である蜘蛛がものすごく巨大化して妖怪化した、しかも年を取った姿を表しています。序章でも述べましたが、巨大化することが、妖怪化するときの基本です。土蜘蛛は妖怪動物なのです。

そして、『土蜘蛛草紙絵巻』でその妖怪を退治するのは、武士です。先に、もののけを祓う四種類の宗教者について述べました（88頁）。その四タイプのうちの一つである武士が『土蜘蛛草紙絵巻』では、もののけを退治する役割を果たしているわけです。

この土蜘蛛の話では、武士である源頼光が妖怪を退治するときに使った刀が有名です。「蜘蛛切《くもきり》」と呼ばれる源氏の宝刀です。蜘蛛の妖怪を退治したことを機に、源氏の宝刀は「蜘蛛切」と呼ばれるようになった、という逸話もあります。あるいは、頼光の家来の渡辺綱《わたなべのつな》が鬼の腕を落としたから「鬼切丸」と呼ばれたなど、それぞれ名前の由来についての話も残っています。

ほかに武将の妖怪退治譚としてよく知られるのは、大江山に住む酒呑童子《しゅてんどうじ》という鬼を退治する話です。「鬼切丸」は頼光が酒呑童子退治の際に用いた刀とも言われています。また羅生門に現れた鬼と対峙し、戦った話もよく知られています。さらに、源頼政が鵺《ぬえ》を弓矢で射落とした話もあります。源氏の武将が多いのですが、平維茂《たいらのこれもち》が、戸隠山《とがくしやま》に住む鬼を退治したという話も能「紅葉狩」になっています。能では、他にもさまざまな「妖怪もの」があります。

満仲、頼光と宝刀

ただし土蜘蛛は、土中に棲む動物である蜘蛛の化け物であると同時に、少し違う性格も持たされているように思います。それはどういうことなのでしょうか。『土蜘蛛草紙絵巻』は、京都周辺の西山の方にある塚に棲む蜘蛛が現れるという説話をもとにしています。西山の奥の洞窟に棲む巨大な蜘蛛の妖怪として、土蜘蛛は描かれているのです。

ところが、能は、これとは別の内容の伝説に基づいた作品なのです。能『土蜘蛛』は、胡蝶《こちょう》という名前の美しい女性が源頼光の閨《ねや》に、薬を持って入ってくる場面から始まります。

その後、怪しげな老僧が現れ、頼光を襲うという流れになっています。病身の頼光は、源氏の宝刀である「膝丸《ひざまる》」――後に「蜘蛛切」になります――を取ってその怪しい僧に斬りつけます。すると怪僧はいなくなります。ただし頼光には斬った手応えが

満仲が剣の製作を依頼（『平家物語剣之巻絵巻』）

貴船の神の教えに従って鬼になろうとする女

渡辺綱の髻を摑んで空中に持ち上げようとする

鬼が綱の養母に化けて物忌みする綱の家を訪問

老僧姿に化けた蜘蛛の妖怪が攻撃してくるが宝刀で撃退

退治された蜘蛛の妖怪

あったので、家来が僧の血痕をずっと辿っていくと、都から遠く離れた奈良の葛城山《かづらきさん》に辿りつく、という展開なのです。面白いですね。

この能の典拠は『平家物語』や『太平記』などに付載された「剣の巻」とされています。「剣の巻」は、みなさんがよくご存じの源義経や頼朝の先祖にあたる、源氏の始祖・源満仲《みつなか》が、源氏の宝刀と定めて代々伝えられてきたとされる刀をめぐる伝説を記したものです。

その内容を、詞書の絵を添えて絵巻に仕立てた、珍しい絵巻（国立国会図書館所蔵の『平家物語剣之巻絵巻』）がありますので、まずは、その絵を見ながら宝刀伝説の由来となった話を確認しておきましょう。

この絵巻は上中下の三巻から成っています。上巻が宝刀伝説を扱った巻です。絵は六場面あり、冒頭の絵は源氏の祖・満仲が宝剣としたい剣の製作を依頼した場面、次は、怨みを晴らすために鬼にしてほしいと貴船の神に参籠・祈願し、貴船の神に言われた通りに、頭に鉄輪を載せて松明《たいまつ》をつけ、口にも松明をくわえ、都大路を疾走して宇治川に入ったところ鬼になれたが、渡辺綱らに退治されるという伝説の一場面です。丑《うし》の刻参りのもとになった話です。

次は、渡辺綱が馬で戻り橋に差しかかったとき、美しい女性に出会い、「五条辺りまで送ってください」と頼まれて乗せますが、その女性が実は鬼だったことが明らかになります。馬に乗せた女性がたちまち鬼に変わり、渡辺綱の髻《もとどり》を掴《つか》んで空中に持ち上げようとする場面です。

次は、このときに綱が斬り落とした鬼の腕を取り戻すために、鬼が綱の養母に化けて物忌みする綱の家を訪問してきた場面です。

その次の絵が、重病に罹《かか》って苦しむ源頼光のもとに老僧姿に化けた蜘蛛の妖怪が現れて攻撃してくるが、源氏重代の宝刀で撃退する場面を描いています。能の『土蜘蛛』はこの伝説によっているのです。蜘蛛はたしかに老僧の恰好《かっこう》をしています。

そして最後の絵では、蜘蛛の妖怪が退治され、その死骸を河原で串刺しにして晒《さら》した場面が描かれています。普通なら、討ち取った敵の大将の首を、木や棒、刀、薙刀《なぎなた》の上などに刺して晒し者にするのですが、蜘蛛の場合はそうはできないので鉄の串で串刺しです。

以上のような、妖怪退治に使われた由緒ある宝刀が源氏の刀だと語っています。こうやって非常に由緒ある刀ですよ、と語って誇って見せているわけです。

「剣の巻」では土蜘蛛は北野に逃げ、能では土蜘蛛は葛城山に逃げる

興味深いのは、頼光がその怪僧を斬りつけたとき、手応えはあるものの逃げられてしまいますが、血痕の跡を辿っていくと「北野神社の奥の塚」に通じる、と語られている点です。先に見た『土蜘蛛草紙絵巻』では、蜘蛛の妖怪が逃げていく先は「西の山」となっていましたが、今度は「北野」、つまり都の北側です。北野の奥に大きな塚があり、その塚の中に大きな山蜘蛛がいた、とあることです。土蜘蛛の住み処《か》が違っています。

この伝説で語られる内容に対応するように、北野天満宮では、かつてはその近くにあった蜘蛛塚遺跡を天満宮敷地内の一画に移しています。そして江戸時代を通して、これが土蜘蛛のお墓だと言われてきました。

また、北野天満宮にはこの蜘蛛を斬ったことから「蜘蛛切」と名付けられた刀も伝承されています。最近では刀剣ブームで非常に注目を集めているそうです。ただし「蜘蛛切」や「鬼切」の刀は、北野天満宮だけでなく、ほかのお寺や神社にもあったり、源氏ゆかりの地にも祀られていたりします。これらを鑑定すると、鎌倉時代につくられたものが多いといいます。

ところで、「剣の巻」では、血痕を辿っていったのが頼光四天王の一人渡辺綱であるのに対して、能の場合では「独武者《ひとりむしゃ》」だとしています。家来の名前をこのように集合名で呼んでいるのですが、その独武者がなんと都から遠く離れた「葛城山の古い塚」に辿り着き、妖怪退治に臨みます。京都からは遠い葛城山をとても意識し強調し、意味のある地としているようです。

その後、土蜘蛛が現れ、頼光の家来である独武者が「鬼など住むことができないのが日本の国だ、もしも現れたら追い払う、鬼は退治されなければいけない」ということを言います。

ここで注目したいのが、独武者による詞章、セリフである「土も木も、わが大君の国になれば、いづくか鬼の宿りなる」です。日本の国は妖怪が住むことができない国である、と語るこの文言はある意味定型表現で、軍記物語や中世の説話などによく出てきます。

それに対して、鬼でもある土蜘蛛が、「私はこの地に長年棲む土蜘蛛の精である」と宣言するのです。葛城山は由緒ある場所なのだ、葛城山には土蜘蛛の精魂がこもっていて、その精魂がいま、王朝に対して恨みを晴らすために現れたんだ、と恨みの言葉を言い放つのです。

葛城山に籠もっている土蜘蛛の精魂が長いあいだずっと恨みを抱いていて、いまこうして都に出現した。頼光を襲った老僧の正体は葛城山の土蜘蛛の精魂、怨霊なのだ、葛城山に由緒ある蜘蛛、土蜘蛛なのだ、と宣言しているのです。

このように、能では葛城山が大事な場所として登場します。いったい、葛城山と土蜘蛛、頼光の関係はどうなっているのでしょうか？　これが大きな謎です。

「いづくか鬼の宿りなる」と葛城王朝

能では王権神話としての教訓がきわめて濃い内容になっています。先述したように、独武者が「土も木も、わが大君の国になれば、いづくか鬼の宿りなる」と言います。ここは天皇の国である。土も木も、要するにあらゆるものが大君（天皇）のものなのだ。どこに鬼の住むことができる場所（宿り）があるか、ないよ、と言っているわけです。

同じように、大江山の酒呑童子伝説に素材を採った能の『大江山』でも、同じように言います。「土も木も、わが大君の国になればいづくか鬼の宿りなるらん」と。細部で多少、言い方が違うかもしれませんが、ほぼ同内容です。

また『太平記』には、藤原千方《ふじわらのちかた》という鬼の大将を紀友尾《きのともお》という者が退治した話があり（『太平記』第一六巻「日本朝敵事」）。そこにも、「草も木もわが大君の国なればいづくか鬼の棲家《すみか》なるべき」の文言があります。この話でも要するに、鬼が住む場所はここ日本にはありませんよ、と言っているわけです。

それにしても、このことを強調するために、なぜ能では葛城山なのでしょうか。

そこで、葛城地方の歴史を調べてみました。すると、この地域は幾重にも敗者の歴史が積み重ねられた地方であったことが明らかになりました。

その一つ、葛城山の東の麓にはかつて、大和王朝と拮抗《きっこう》する王朝——葛城王朝とでも名付けられる王朝——がありました。雄略天皇の時代のことです。その勢力は雄略天皇と並ぶほどのもので、一言主《ひとことぬし》を氏神として祀っていたようです。ある伝説では、雄略天皇が葛城山に登ったとき、まったく姿形が同じ一行がいて、それが一言主神だったとも言われます。このことから、両勢力が拮抗していたことがわかります。

この葛城王朝は大和王朝と連合していて、葛城王朝から何人もの女性が天皇に嫁ぎ、皇后になっていました。歴史的事実としてそういうことがあったようです。そういう王朝でしたが、雄略天皇の時代に没落させられたといいます。伝説によると、一言主神は雄略天皇に追放され、土佐に流された、ともいわれています。ですから、葛城王朝は、雄略天皇の時代までは実在しました。

なぜ没落したのでしょうか。それは、大和王朝側が葛城王朝の隆盛を恐れたからでしょう。婚姻関係は対立勢力を融和し同盟化する方法ともなりますが、同盟関係をむしばむ要因にもなります。

その結果、滅ぼされた側が滅ぼした側に怨みを抱き続けるのも当然だと思います。能の怪僧＝土蜘蛛の精は、この葛城王朝の積年の恨みを晴らすために出現したのかもしれません。現在も葛城山麓には、この神を祀った「葛城一言主神社」が鎮座しています。そしてその境内やその付近には「土蜘蛛塚」とされるところが数カ所存在していることにも留意すべきでしょう。

中でも一言主神社の境内の社殿の前の蜘蛛塚は、もともと本殿がここだったのではないかと思えるぐらい大きな塚です。一言主神社の原初はこの土蜘蛛塚だったのかもしれません。この土蜘蛛塚を鎮め祀っていた人たちが、やがて一言主神社をつくったのではないか、土蜘蛛塚というのは、土蜘蛛として制圧された先住の人々の埋葬、もしくは鎮魂の記念としてつくられた墓なのではないか。妄想しすぎかもしれませんが、この地を訪れるとそんな気がしてきます。

大和政権と拮抗した勢力――土蜘蛛

しかしながら、都の王権への怨みは葛城王朝に限るものではありません。さらに、それ以前にも、葛城山には大和王朝に制圧された政治・在地集団がいました。神武天皇の時代のことです。神武軍が北側から葛城山の麓に攻め入ってきたとき、そこにいたのが「土蜘蛛」だと言われています。

このとき、『日本書紀』には、新城戸畔《にいきとべ》、居勢祝《こせのはふり》、猪祝《いのはふり》という土蜘蛛がいて、神武天皇の軍隊がこれらを退治した、とあります。ここでいう土蜘蛛は、蜘蛛の妖怪ではありません。明らかに先住の人たちです。

居勢祝、猪祝という語から、土蜘蛛はおそらくは神職――神に仕える卑弥呼のような存在――を指すのだ、と言う人もいます。その真偽はわかりませんが、とにかく族長の名前であることは確かです。そこにいた人々の族長を神武側は蔑《さげす》んで土蜘蛛と表現していたことになります。

この族長＝土蜘蛛が葛城山の麓、あるいは生駒郡の辺りに住んでいたのでしょう。また、高尾張邑《たかおはり》の村（現在の葛城山の東側）にも、やはり土蜘蛛がいて、その姿形は「身短くして手足長し。侏儒《ひきひと》（小人）」のようだ、とやはり蔑んだ言い方をしています。

さらに皇軍は、抵抗する土蜘蛛を、葛の蔓を採ってきて網をつくり、それで捕まえて殺した、とあります。そして葛で捕まえたので、「葛城」と言うようになった、とも語っています。現在の奈良県生駒郡、葛城山の辺り一帯には土蜘蛛がいた、と『日本書紀』では述べられているわけです。この土蜘蛛は人なのですが、後世の妖怪の蜘蛛と無関係とはいえないはずです。そう考えると、能の土蜘蛛は神武軍に殺害された者たちの怨霊だとも考えられるでしょう。

葛城山は、まずは神武軍に制圧されましたが、その後、神武軍に恭順した人たちの子孫が、その怨念を引き継ぎつつ葛城王朝を形成していたのかもしれません。いずれにしても、この地域は敗者が積み重なっていた地域だったのです。

まだまだ、この地域の敗者の歴史は続きます。葛城王朝が没落した後、この地域は大和王朝の支配下に入ることになったわけですが、その臣下としてこの地域に勢力を張ったのは、もとは葛城王朝を支えていた豪族・蘇我《そが》氏でした。しかし、この蘇我氏も、中大兄皇子《なかのおおえのおうじ》と藤原鎌足《かまたり》によって引き起こされた乙巳《いつし》の変によって排除され没落してしまいます。その怨念もこの地域には湧き上がったにちがいありません。

さらに敗者の歴史は続きます。蘇我氏の滅亡後、この地域に勢力を広げたのは賀茂氏でした。このことは山麓に立派な賀茂神社があることからもわかります。この葛城系賀茂氏の出身の宗教者で有力者でもあったのが、後に修験道の祖として崇《あが》められることになった役小角《えんのおづの》（役行者）です。

伝説では、葛木山（葛城山）と金峯山《きんぷせん》の間に石橋を架けようと思い立った役行者によって、強制的に駆り出された葛木山にいる神・一言主が、自らの醜悪な姿を気にして夜間しか働かなかったところ、役行者は一言主を神であるにもかかわらず折檻《せっかん》して責め立てたと伝えられています。ここにも、勝者と敗者の関係を見て取ることができるはずです。もっとも、この役行者も讒言《ざんげん》によって伊豆に流されたと伝えられていますので、やがて賀茂氏も政治的力を失っていきます。

このように見ると、この葛城山周辺は政治的な意味での敗者の歴史が幾重にも重なった背景を持った地域でした。したがって、能の土蜘蛛の精の怨念がいずれの怨念なのかを明らかにすることは難しいのですが、私は、それらの重層化した怨念が土蜘蛛の妖怪なのだろうと想像しています。

そういう敗者の歴史を背負いながら、能の作者は、勝者（大君）を称《たた》えつつ、自分たちの出自と関係する、この土地の暗い歴史、敗者の記憶のようなものをチラッと作品中に潜り込ませようとしたのではないかと思います。

能の『大江山』の酒呑童子の話にしても、酒呑童子が退治されるとき、もともとここは私たち大江の者が住んでいた土地なのに桓武天皇がやって来た。また最澄もやって来て比叡山を開き、ここに寺を建てると言って先住民を追い払った。自分たちは一所懸命戦ったけれども呪力が及ばず、追い出されてしまった。そういうことを語らせています。しかし同時に、その王朝を褒め称えもします。

能の『土蜘蛛』の作者は不明ですが、大和猿楽系の作品です。虐げられた身分のかれら猿楽の徒が、「大君」の世を讃《たた》えながら、この地域の歴史を想起しつつ、土蜘蛛に積年の恨みの言葉を吐かせたのは、私にはわかるような気がするのです。

それにしても、土蜘蛛の精がそのような葛城の人々の怨念の凝集したものであったとして、なぜ縁もゆかりもなさそうな源氏の武将のもとに出現したのでしょうか。

それは、源氏の武将が大和王朝の後継である都の「大君」を守護する武将だったからでしょう。源氏の武将は大君の比喩なのです。ですから、独武者は「わが大君の国になれば」と宣言したのです。

源頼光以外にも……

では、ここで補足的な話をしておきましょう。武将と蜘蛛の妖怪退治の伝説についてです。
『太平記』第一六巻には、蜘蛛の妖怪退治の話が出てきます。そこには、こう書かれています。

天照太神より以来《このかた》、継体《けいたい》の君九十六代、その間に朝敵となつて亡びし者を数ふれば、神日本磐余彦尊《かんやまといわれひこのみこと》の御宇《ぎよう》天平四年に、紀伊国名草郡《きいのくになくさのこおり》に長二丈《たけ》余りの蛛《くも》あり。手足長くして力《ちから》人に越えたり。網を張る事数里《すうり》に及んで、往来の人を喰害《ざんがい》す。しかれども、官軍勅命《ちよくめい》を蒙《こうぶ》り、鉄《くろがね》の網を張り、鉄の湯を沸《わ》かして四方より攻めしかば、この蛛つひに害されて、その身寸々《つだつだ》に爛《ただ》れにき。（岩波文庫『太平記』三より）

「紀伊国名草」というと、いまの和歌山市の辺りでしょうか。その辺りに二丈ほど（約六メートル）の蜘蛛がいた、と書かれています。手と足が長く、力は人よりも強かった。網を張ること数里に及んだ、とありますから、ものすごく長く大きいですね。往来の人を害したという書き方からも、巨大な蜘蛛であることがわかります。そこで、そのことを聞いた官軍が勅命を受けて鉄の網を張り、鉄の湯も沸かし、四方からその蜘蛛を攻撃したところ、この蜘蛛は退治された、という話です。

鉄の網をつくって土蜘蛛を退治したというあたりは、先ほど述べた神武軍による葛城の在地抵抗勢力の制圧の話を想起させます。

話はさらに続きます。先にも触れた藤原千方の話で、こう書かれています。

「また、天智天皇の御宇、藤原千方と云ふ者あり。金鬼、風鬼、水鬼、隠形鬼《おんぎょうき》と云ふ四つの鬼を使へり。（中略）ここに、紀友尾《きのともお》と云ひける者、宣旨を蒙つてかの国に下り、一首の歌を読んで、鬼の中へぞ出だしける。／草も木もわが大君の国なればいづくか鬼の棲家《すみか》なるべき」と続きます。

つまり、天智天皇の時代には、この辺りに藤原千方という鬼の頭がいて、金・風・水・隠形の四人の鬼を手下に使って悪さをなしていた。紀友尾という者が天皇の命令を受けて、紀伊国に下り、先述したのと同じ「草も木もわが大君の国なれば〜」を歌ってこの鬼を退治した、と語られています。

蜘蛛や鬼の妖怪を退治する話が、和歌山近辺でも語られていたことになります。しかしここでは、源頼光にまつわる伝承ではありません。

ところが、調べてみると、この地方と源氏の武将・源頼光と家来である渡辺綱とを繋《つな》ぐ伝説があったらしいことがわかりました。室町時代後期に記録される『榻鴫暁筆《とうでんぎょうひつ》』（第一六霊剣「鬼切付くも切、小がらす」）です。

……また蜘蛛切と申し侍《はべ》るは、紀伊国名草郡に大なる森有り。彼の所に全身鉄にて広大の蜘蛛あり。家をはる事、辺境にみちたり。ゆえに空を飛ぶつばさ、かしこに至りて、かゝらずといふ事なし。地をはしる獣を、また悉くとり食しけり。あまつさへその後は、近里往復の村民、旅客を取り食す事数を知らず。されば、村南村北の貴賤《きせん》、悲しみ哭《こく》する音やむ事なし。此の事、天聴に達しければ、緒卿詮議ありて、彼を退治すべきその器をえらばれけるに、渡辺綱也。源五、勅をかうぶり、蜘蛛を切り平げしにより、かく名付けるとも申す。

この伝説では、紀友尾から渡辺綱に変わっているのです。伝説の舞台が葛城から名草へ変わり、抵抗勢力である人を蔑むための土蜘蛛から妖怪の蜘蛛に変わり、今度は退治者が紀友尾から渡辺綱に変わるとともに、時代設定も変わり、舞台も、京の都に変わり、さらに能では渡辺綱から「独武者」に変わり、こうして変遷を重ねつつ、能の『土蜘蛛』で、物語の舞台が再び葛城山へと戻ったことになります。不思議です。「汝知らずや我昔葛城山に年を経し土蜘蛛の精魂なり」という言葉は、重層化した敗者の歴史の記憶を私たちに語りかけているようです。

妖怪を研究するということは、歴史を研究することでもあり、それを通じて人間社会を理解することにもなるのです。

第6章　謎解き(5)——キツネとタヌキは何を象徴するのか？

幻想動物と実在動物

私の妖怪研究の歩みの中で生じたさまざまな「謎」を紹介し、それらの謎を解きながら、妖怪の魅力や生まれる背景、歴史についてここまで述べてきました。最終章で謎解きのテーマにしたいのは、キツネとタヌキの妖怪です。

動物を素材にした妖怪はけっこう多くありますが、一口に動物と言っても、妖怪に関する限り、二つのカテゴリーがあります。一つは幻想動物であり、もう一つが実在動物です。

キツネとタヌキの場合は、実際に存在していて現に目で見ることのできる動物ですから、実在動物のカテゴリーに入ります。ほかに妖怪化している実在動物としては、例えば蛇、蜘蛛、猿……などがいます。つまり、実在する動物が、何らかの条件によって妖怪化しているのです。

何らかの条件というのは、例えば年を取ることや巨大化することなどです。年を取ることで妖怪に変化しますし、巨大化することでも妖怪になります。あるいは住む場所も条件の一つです。洞窟の奥に籠もると妖怪化する例もありますから。前章で見たように、深い怨みも妖怪を生み出します。

これに対して、現実には存在しない動物の妖怪も多数います。例えば有名なところでは、カッパや天狗です。カッパのもとになった動物はさまざまに推測できるとしても、少なくともカッパは、実在のキツネが妖怪化して妖怪ギツネとか妖狐となるように、あるいは年を取ったタヌキが古《ふる》ダヌキや化けダヌキとなるようには、もとになる動物を想定できません。

カッパのもとになっている動物の例として、猿だとかカワウソを挙げる人もいます。しかし、カワウソが本当にカッパのもとなのか、根拠がはっきりしません。間違いなくカワウソがもとになってできた妖怪なら「古《ふる》カワウソ」などと呼べばいいでしょう。しかし、カッパという名前が付いてくる過程は、こうした例とは少し違います。

天狗はどうでしょうか。天狗も、鳶がもとだなどと言われますが、しかし鳶がそのまま妖怪、天狗になったかどうかもはっきり言えません。ましてや別の幻想動物である鵺《ぬえ》などは、複数の動物をつぎはぎしてつくった妖怪ですから、ある動物がいて、それが単純に妖怪化したケースとは明らかに異なります。

ミミズクやキツネが描かれた『百鬼夜行絵巻』

このように動物の妖怪には、幻想動物の妖怪と、実在動物をもとにした妖怪とがあります。例えばこの絵（京都市立芸術大学本『百鬼夜行絵巻』）では、ミミズクの妖怪や鳥の妖怪、左にはキツネやウサギ、サルがいます。これなどは明らかに実在の動物の妖怪化です。

妖怪としてのキツネの初出

この章では、最初にキツネを取り上げます。キツネは実在の動物であり、日本にいるキツネは、動物学的にはアカギツネと呼ばれる種です。キツネの大きな特徴は、体毛が黄色で、尻尾が非常に長く、フサフサとしていることです。

妖怪化した、あるいは神秘的な力を持った

キツネがいつごろから登場するかというと、『日本霊異記』に姿を現すのが最初のようです。『古事記』や『日本書紀』に、妖怪としてのキツネは出てきません。

ただ『日本書紀』には二カ所ほど、白いキツネについての言及があります。とはいえ、別にキツネが神秘的なことをしたとは書かれていません。『万葉集』におけるキツネの歌は一首のみで、やって来たキツネに子どもたちが鍋で沸かしたお湯を浴びせた、という内容の歌です。お湯を浴びせたら祟《たた》りがあるぞ、などという考えは、当時はなかったのかもしれません。

それが『日本霊異記』になると、いくつか神秘性を帯びたキツネが出てきます。『日本霊異記』は、奈良時代の終わりごろの世相を反映した、平安時代初期成立の仏教説話集です。ここで描かれるキツネは、今の私たちが知る妖怪ギツネに通じる姿をしています。

美濃国《みののくに》は大野の小売りを生業《なりわい》とする男が、野原で美しい女性と出会い、意気投合して結婚します。男にとって嬉しいことに、その女性は男児を産みました。ところが女が米を搗《つ》いていたとき、犬に吠《ほ》えられます。驚いた妻はキツネに戻ってしまった、という話です。本性を現してしまったので、妻の女性は泣く泣く帰っていった。しかし男は、二人の間には子どもがいて、しかも妻を愛しているので、いつまでも自分のところにいてほしい、別れるのは嫌だ、と言います。それでしばらくの間、妻が夫のもとに通って夫婦生活を続けますが、やがて妻は来なくなりました。

この人間の女性に化けたキツネが産んだ子どもはその後、美濃国の直という村の村長か、小豪族の先祖になった、という結末です。生まれたその子どもは力持ちで、足も非常に速かった、と語られています。別れた妻（キツネ）が通って来たので、来て寝る（古語で「来つ寝＝キツネ」）からキツネとその動物を呼ぶようになった、という語呂遊びをしています。

『日本霊異記』（巻中の四〇）には、キツネがやはり女に化ける話があります。橘奈良麻呂《たちばなのならまろ》が鷹《たか》狩《が》り中に見つけたキツネの子らを串刺しにしてキツネの巣穴の入り口に刺したことへの復讐として、母狐が奈良麻呂の母に化け、奈良麻呂の子を串刺しにして巣穴の入り口に立てたという話です。妖怪狐の残忍さが伝わってくる話です。

「狐女房」の原型？

ところで、美濃国の直の話は、後に「狐女房」といった題名で広く知られることになる民話の典型を示しています。キツネは男性ではなく女性に化けることがほとんどですが、この話でもやはり美しい女性に化けた姿で登場しています。オス、メス両方いるはずなのに、この話でもキツネは女性に化ける、つまり女性性がしっかり示されているわけです。

そして、犬に吠えられる場面を描くことで、キツネの天敵が犬であることも示されています。なぜ、キツネが犬を嫌うかというと、家畜化したキツネが犬で、野生化した犬がキツネである、という考えがあるからです。つまり、犬とキツネは似たような存在であって、一方が野生になってキツネと呼ばれ、一方が家畜化して犬と呼ばれた、だから互いに仲が悪い、と考えられたのです。一方は人間にまとわりつき、一方は農作物を盗むなど人間にさまざまな害を及ぼします。その後もずっと、説話や民話の中でキツネは犬を嫌い、犬もキツネを嫌います。

少し話が脇に逸《そ》れますが、中世の「御伽草子」に『木幡狐《こわたぎつね》』という話があります。山城国木幡《やましろのくにこはた》の里に、稲荷《いなり》明神の御使いである年を取ったキツネの一族が住んでいました。その中に、きしゅ御前という、見目麗しく知恵才覚の優れたお姫様がいました。御年一六歳——だいたい御伽草子の時代に一六歳というのは結婚適齢期です——になったとき、たまたま都にいる人で、三位中将《さんみのちゅうじょう》という非常に外見の美しい男に出会います。

このお姫様は、その男性をたいへん気に入り、何とか結婚したいと思いました。それを乳母《めのと》に告げると、都は鷹犬《たかいぬ》——鷹狩りに使う犬——がたくさんいて危険だ、と言います。しかしお姫様はあの男性と結婚したいと強く望むので、乳母は「では人間に化け、男に近づいてお姫様の思いを遂げられるようにしましょう」と言って、無事に三位中将との結婚を叶《かな》えました。

やがて中将のもとにお姫様が妻として住み込み、美しい若君を産みます。若君が三歳になったとき、お祝いだといって犬が献上されました。お姫様はびっくり仰天して、「嫌だ」と答えます。この犬がずっと家にいる限り、私はここにいられない、といって外出し、そのまま自分の故郷へ泣く泣く帰って行きます。帰ったお姫様はその後隠者になり、仏法修行に励みます。生まれた若君が立派に成人するよう一所懸命に祈りながら余生を過ごした、という結末になっています。

ここでもキツネは美しい女に化け、結婚して男の子を持ちます。しかし犬が現れたので逃げてしまう、という話です。

憑依するキツネ

『日本霊異記』には、キツネの神秘性を説く重要な話も載っています。キツネが憑依《ひょうい》するという話で、これも犬と深く関わります。

永興《えいこう》という僧侶がいました。熊野の修験者のような人です。紀伊国《きいのくに》熊野のある村で、その永興が修行をしていると、近くの村で病人が出ます。そこで病人を祈禱する目的で、永興が呼ばれます。彼が呪文を唱えると、病人に憑いていた疫病の原因が現れて、「私はキツネだ」と口にするのです。この病人が前世で自分（キツネ）を殺したので、その恨みを晴らすためにやって来た、と言います。ご祈禱の際にこういう託宣があった、という話です。病人の口を借りて語ったのかもしれませんし、憑坐を使ったのかもしれません。

とにかく「私はキツネだ」「前世で私を殺した」と話します。そして永興が一所懸命にご祈禱をした甲斐《かい》もなく、病人は亡くなるのです。乗り移ったキツネが病人に勝ちますが、亡くなったその病人の魂魄《こんぱく》は、その後転生して犬になります。つまり、病人が犬に転生したことになります。犬になったかつての病人の魂は、そのキツネを探し出し、嚙《か》み殺す、という結末になっています。

この話では、憑依が描かれています。キツネの魂魄が人間に憑依し、託宣をする。それを祓おうとする行為もこの当時のお坊さまはしているわけです。それから、キツネと犬の仲が悪いことも、先の話と同じように描かれています。同時に、転生するという仏教的な考え方も入っています。面白いのは、こういうキツネの話の祖型が、最初の説話集『日本霊異記』ですでに描かれていることです。

この話ではこの永興というお坊さんがどのような方法でキツネを追い払おうとしたのかは記されていません。

後には密教僧がもののけを退散させるために、先述（第2章）のように、不動明王や毘沙門天の眷属《けんぞく》の護法童子を使う話が、さまざまなところで語られていたわけですが、そのもののけという概念の中には多様な姿をした鬼の他にも天狗や大蛇などが想定されていたようです。その中にはもちろんキツネも入っていました。しかもそのキツネを追い払うためにやはり護法が用いられていました。そのことをよく物語るのが『今昔物語集』巻二七第四〇の次のような話です。

もののけ（物の気）に憑かれて病気になっている者がいた。もののけは、験者の祈禱によって、憑坐（霊媒役）の女に乗り移って、「私はキツネだ。祟りをなしに来たのではなく、食べ物を求めて来たのだが、このように護法にからめ捕られてしまった」と正体を現し、懐から白い玉を取り出してもてあそんだ。傍《そば》にいた男がその玉を取り上げると、キツネは「その玉は私にとってとても重要なものだ。もしその玉を返してくれたら、末永くあなたを守るが、返さなければ祟るだろう」と告げた。このことを験者の護法にも誓うと約束したので、返してあげた。その後、キツネは験者の祈禱に追われて去って行った。憑坐の懐を探ったが玉はなかった。ある夜、この男が応天門あたりで武装した盗賊団に遭遇しかかったとき、このことを思い出し、このキツネを呼び出したところ約束を守って現れ、安全に道案内をした。

この話はとても興味深いことがいろいろ語られています。一つめは、キツネは験者の護法によって退散させられていることです。

もう一つは、キツネがお手玉のようにもてあそんだ玉はキツネの霊魂の形象化したものとも言えるもので、それを返したお礼に、このキツネが侍の守護精霊あるいは使い魔のような存在になったことです。要するに、この侍は一種の「キツネ使い」になったのですね。

三つめは、このキツネは食べ物を求めて病人に憑いたと言っていますので、この場合は餓鬼の類いで、「祟りのために来たわけではない」という弁解の言葉により「祟り」のために憑くこともあるということを暗に告白していることです。

そしてこの点が大事なのですが、このキツネは侍の守護精霊（使い魔、一種の護法）になるまでは人間のコントロールを受けていない、原野を自由に徘徊するキツネだったらしいということです。おそらく護法も式神《しきがみ》も同様だったのではないでしょうか。喩《たと》えていうと、暴れん坊だった妖怪・孫悟空が三蔵法師によって与えられた頭の輪・緊箍児《きんこじ》で法師の制御下に置かれたように、宗教者の呪力で制御されるようになったのです。このようなキツネを制御・使役して占いや呪詛《じゅそ》などをする宗教者の系譜は近年まで各地で活動していた「くだ（キツネ）使い」や「イズナ使い」にまで至っています。

キツネの現れ方の三類型

ところで、こうした妖怪化したキツネに憑かれたとき、験者のような宗教者はどのような方法（修法）で落としたのでしょうか。

もちろん、第3章で見たように、天皇・貴族たちは五壇の護摩壇を設置し、不動明王や大威徳明王などの怨敵・怨霊を制圧する力を持つという仏神を描いた画を掛けたでしょう。密教には、その仏神を望む通りに働かせるための「不動明王法」とか「大威徳明王法」などといった法がいろいろありました。それが信者にとってのありがたい魅力だったはずです。信貴山の命蓮《みょうれん》は、この山の本尊が毘沙門天（毘沙門天王）であるので「毘沙門天法」を用いて護法を操ったのでしょう。

密教は呪術宗教ですから霊験ありとするさまざまな修法が編み出され、密教僧の間でもてはやされました。中村禎里さんの『狐の日本史』によりますと、その一つ、キツネ落としに特化した法が「六字経法《ろくじきょうほう》」だとされています。キツネ落としに効果があるということは、その逆にキツネを使って呪詛もできるということでもあります。憑ける方法を知らなければ落とす方法がわからないからで、この両義性のためにこの種

三類型（実運『諸尊要抄』）

六字天王（心覚『別尊雑記』）

の修法が「外法」（邪術）とも見なされました。

この法は六観音もしくは聖観音を本尊として、この観音に祈願して望むところを叶える法です。

この方法は次のように行います。天狐、地狐、人狐（人形）の三つの形代を粘土のように練った麺でつくり、順に焼く。これは病者に病気（もののけ）つまり上記の三種のキツネを送りつけた者の命を奪うためではなく、その者がいだく怨念を焼却するためだというのですが、さてどうでしょうか。調伏法なのに、そうでないと弁解しているように聞こえます。その三種の形代を焼いた後に残った灰を酒以外の飲み物や粥《かゆ》に混ぜて食するとものの退散して病気が回復するのだそうです。実際、病気に冒された貴族が、このようにしてつくられた呪薬を服したという記録もあります。

私たちがこの修法で注目したいのは、密教の修法の中にキツネが観音の眷属として組み込まれていることです。

しかし、この修法は、最初は本尊を観音に求めていたのですが、用途が調伏法だったので気がひけたのでしょうか、本尊を観音から「六字天王」という新しい天王をつくり出して変えています。

右頁がその画像です。下方に三匹のキツネが描かれています。三匹ということは、天狐、地狐、人狐の三類型を表しているようですが、どれがどれなのかはわかりません。

この三類型についても関連仏典の中で図解して説明しています。天狐は天を駆けめぐるキツネでその姿を「鳶」で示しています。これは「天狗」ですね。『今昔物語集』などに収められている天狗の話では天狗の正体を鳶と語っており、とくに天狗は仏教を広めることを妨害する魔物と見なされていましたので、そのような意味も託されているのでしょう。地狐は説明するまでもなく私たちが目にすることができる地上を徘徊するキツネですね。人狐は、正体はキツネなんだけれども人間の姿をして人間社会に住んで悪さをするキツネで女とされています。キツネはこうした姿で天地人の三界を往還しているというわけです。

キツネのもう一つの変形、荼枳尼天

ところが、この修法は広く流布することはありませんでした。これに代わるかのように広まったのが「荼枳尼天《だきにてん》法」という修法でした。みなさんもその名は耳にしたことがあるのではないでしょうか。

荼枳尼天像

茶枳尼は敵を殺してその血肉を喰うインドの女の吸血鬼の類い。空海によってもたらされた真言密教の「両界曼茶羅《まんだら》」では「胎蔵界曼茶羅」の外金剛部院《げこんごうぶいん》・南方に配せられ、「奪精鬼《だつせいき》」として「閻魔天《えんまてん》」の眷属、すなわち低級の半神・半鬼でした。

しかし、密教呪法の多様化、諸信仰との習合化などが進む過程で「茶枳尼天」すなわち「天王」という尊称が与えられ、「白いキツネに乗る女神」として表されるようになりました。私はその過程には、眷属をキツネにしているところを見るに、「六字経法」の影響もあったと思っています。

茶枳尼天は身分を問わず、あらゆる願いをすみやかに受け入れる神とされましたが、そのために好ましくない属性もあるとして「外法」とも見なされていました。『源平盛衰記』に、平清盛が狩りの途中で貴狐天王《きこ》（茶枳尼天）と出会い、この修法を行うか迷う場面があります。このとき清盛は、自分の望みは茶枳尼天の法に頼れば成就するかもしれないが、この法は外法であって成就したとしても、それは私一代限り、子孫には伝わらない、と思い返しています。

また、『古今著聞集』では、関白藤原忠実《ただざね》がある願いを叶えようと祈禱僧に茶枳尼天の法を行わせたところ、昼寝の夢に美女が現れたので、思わずその女の髪を摑むと、髪が切れて目が覚めた。手に残った髪を見ると、キツネの尾であった。その後、忠実の大望は叶えられたので、その尾を福天神として祀ったといい、今でもその神社というのが残っています。荼枳尼天法とはそのような法と見なされていたのです。

ところが、それにもかかわらず、荼枳尼天法は、さらに習合化・秘伝化・新たな解釈をほどこされてもてはやされます。宮中では「辰狐法《しんこ》」と言い直され、荼枳尼は「辰狐王菩薩《ぼさつ》」、さらには「大日如来」あるいは「天照大神」とも再解釈され、天皇の即位儀礼（即位灌頂《かんじょう》）にも取り込まれました。

伏見とキツネとの関係

それまで野山に棲む動物の一つにすぎなかったキツネが『日本霊異記』のころに仏教の中に組み込まれたことで、人に憑依したり女に化けたりする妖獣に変質し、それとともに密教の神の眷属となり、さらに荼枳尼天信仰と伏見の稲荷信仰とが結びついたことによってキツネの歴史は大きく変わったと、私は考えています。

稲荷神社つまり稲荷信仰は全国各地に広まっていますが、その本拠は伏見です。ここに稲荷神社の総本社があります。ご承知のように、お稲荷さんにはキツネがつきものです。神社の神前を守るのは普通の神社と違って狛犬《こまいぬ》ではなく、キツネです。いつからキツネはお稲荷さんの眷属・お使いになったのでしょうか。

伏見の稲荷社は、稲を荷《にな》うという神社の名前からわかるように稲作農耕に関わる神です。古くは蛇を祀っていたともいわれています。そのお姿は老翁の姿で描かれました。仏教が伝来するまではキツネとは特別な関係を持ってはいませんでした。

仏教が伝来したことによって、どうしてキツネと関係を持つことになったのでしょうか。それは神仏習合化が進む中で、荼枳尼天信仰と結びついたからです。その直接の契機は稲荷社のすぐ近くにあった東寺です。東寺は弘法大師空海が天皇から預かった寺で真言宗の拠点となっていました。この東寺が稲荷社に習合化の触手を伸ばして、稲荷社を東寺の守り神として支配下に置いたのです。明治の神仏分離までは、東寺系の寺院、神宮寺とか別当寺といった性格を持った荼枳尼天を本尊とする愛染寺も、近くにありました。その結果、稲荷大明神の本地は荼枳尼天であるといった考えもなされていったのです。

この経緯について『弘法大師行状記』とか『稲荷大明神流記《るき》』といった書物の中で語られているエピソードとして、次のようなものがあります。

空海が東寺を真言宗の道場にすることを任されたとき、かつて紀州で出会った神の化身の老翁（稲荷大明神）の一行が稲をかつぎ、椙《すぎ》の葉を持って東寺の南門にやって

稲荷神が空海を訪ねる（『高野大師行状絵巻』）

来た。空海は大喜びして一行をもてなし、飯食を供え菓子を献じた。その後しばらくの間、一行は八条二階堂の柴守《しばもり》の家に止宿した。その間、空海は京の南東に東寺の造営のための材木を切り出す山を定めた。また、この山に祈りを捧げて稲荷神に鎮座いただいた。これが現在の伏見稲荷大社であると語られています。上の図が、稲荷神が空海を訪ねたときの場面です。

この結果、荼枳尼天の眷属・使いであったキツネが稲荷神の使いになっていったのです。

神仏分離が行われたとき、伏見の稲荷社は神道のほうを選び、仏教を切り離しました。ところが仏教を選んだ稲荷社もあります。例えば、愛知県の豊川稲荷（妙厳寺）がそうです。ここでは本尊は荼枳尼天です。

キツネはお稲荷様の「使者」

お稲荷さんと言えば、キツネを祀っている神社だと思っている人が多いかもしれません。実はそうではないのです。お稲荷さんは稲の神様であって、キツネが祭神とされていたのではなく、キツネはお稲荷さんの眷属・お使いなのです。先ほど『木幡狐』の話を紹介しましたが、これは稲荷の眷属となったキツネの話です。眷属なので伏見の近くに住んでいたのです。

江戸時代にそうした稲荷の霊験としてキツネの霊験の話も語られ、キツネを「おキツネ様」とか「〇〇稲荷」などと称して祀ることも生じましたが、それでもキツネの地位は稲荷の神の眷属でした。

また、荼枳尼天法とは眷属のキツネをいわば護法として使うことであって、その験者・行者が「キツネ使い」でした。キツネ使いは、伏見稲荷社の門前で売っていた使い魔となるキツネを手に入れて意のままに操るようにしたといった話もまことしやかに語られていました。

福の神と言えば夷《えびす》や大黒などの七福神が思い出されるなか、稲荷はそれよりも人気を博し全国に広まりましたが、「外法」というイメージもつきまとっていたようです。

なぜ女性として描かれるのか

このような稲荷（荼枳尼天）との関係でキツネ信仰が広まっていく過程で、みなさんも思い当たるはずですが、キツネは人間に化けるときは女性の姿に化けるという観念も広まっていきました。『日本霊異記』の話もそうですし、『木幡狐』の話もそうです。安倍晴明も中世の伝説では、安倍保名《やすな》に助けられた和泉国《いずみのくに》の信太《しのだ》の森のキツネが、恩返しのために美しい女性に化けて保名の妻となって産んだ子でした。

一番の理由は、古代中国でも陰陽の区別ではキツネは陰の獣とされ、女性に化ける動物とされていましたので、その観念が日本にも移入・浸透したからだと思われます。そのことを物語るのが、東アジアに広く見られる「金毛九尾の妖狐伝説」です。この話は日本では「玉藻前《たまものまえ》」の伝説として、絵巻や能、浄瑠璃《じょうるり》、歌舞伎の素材としてももてはやされました。

私も何度かキツネを見ています。勤務先から帰る途中、夜の遅い時間帯になると、自動車の光が道路を横切ったキツネに当たることがあります。そうすると、金色に輝くという感じがします。尻尾がスーッと長くて、実に美しいものです。私も、キツネが人間に化けるのならやはり女だと納得しました。

九尾の狐（『三国妖狐図会』）

キツネの化け方とは――『狐の草子』

『狐の草子』という御伽草子系の絵巻があります。『今昔物語集』巻一六第一七の賀《か》陽良藤《やのよしふじ》という好色な男が女に化けたキツネに騙《だま》される話を原拠としたもので、この話では騙されるのが老僧となっています。

あるお坊さまのところに、やんごとなき身分の女の人からの文が届きます。「お坊さまが素敵だからどうぞ今度遊びに来てください」と女性が誘う内容の手紙でした。お坊さまはついつい色気を出して承諾します。そして立派な牛車《ぎっしゃ》で迎えがやって来ます。いそいそと訪ねていくと、待っていたのは美しい女性なので、ついまた彼女の誘いに乗ります。僧侶であるにもかかわらず、この女性のもてなしを受け、契りを交わしてしまうのです。

しかしあるとき、若い僧が女性の屋敷に足を踏み入れた途端に、家の女性たちはみな、働いていた者も含め、全員どっと逃げ出してしまいます。そのとき逃げ出したのは、みなキツネの一族で屋敷に入ってきた僧は老僧が信仰する地蔵でした、という話です。

立派な家と思っていたのですが、正気に戻ってみると荒れ寺の床下で、そこから這《は》

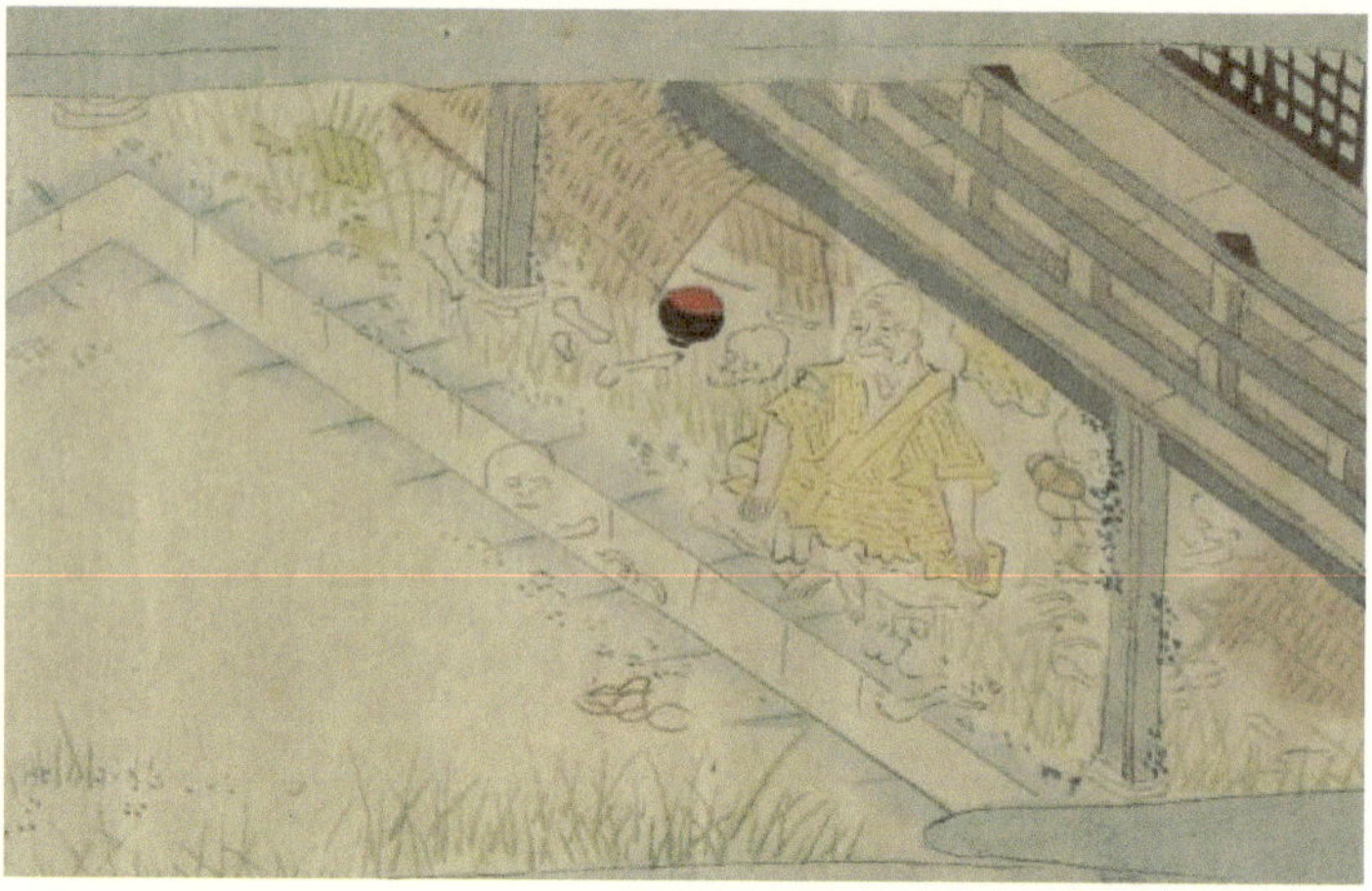

正気に戻ると荒れ寺の床下だった（『狐の草子』）

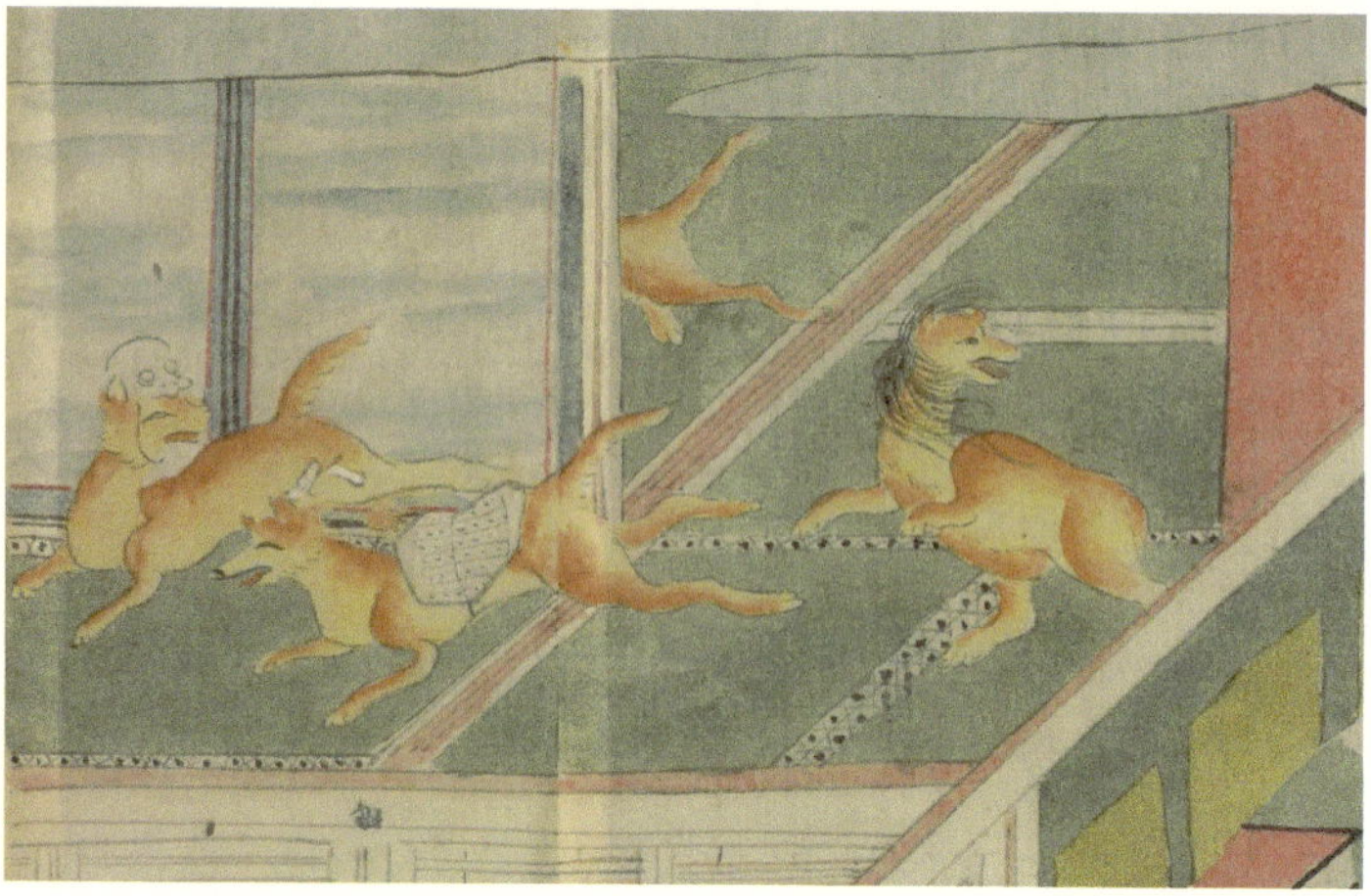

正体を現したキツネたちが逃げ出す（同）

い出て、子どもたちに笑われながら帰路につく姿の場面は、私たちの笑いを誘います。ところでこの絵巻には妖怪ギツネの画像を探す者として見逃すことのできない場面が描かれています。

これは化けの皮が剝がれて正体を現したキツネたちが逃げ出す場面ですが、よくご覧ください。左のキツネは頭の上に頭蓋骨を載せています。もしこの家の女主人に化けたキツネだとしたら、頭蓋骨は亡くなったこの家の女主人の遺骨かもしれませんね。きっとこの頭蓋骨は、生前は美しい女性だったのでしょう。右側のキツネは頭に女性の髪の毛を載せているので、その髪の毛の生前の持ち主の女に化けていたのかもしれません。中央のキツネは、おそらく破り捨てられたお経を背中に巻き付けているので、立派だったころのお経に化けていたのかもしれません。

キツネが人に化けるときに、化けたい人の頭蓋骨や毛髪を頭に載せてそれが落ちないように宙返りをするという方法が、中国の書物にも記されているので、その影響かと思います。

興味深いことに、時代を下った江戸時代になると、頭に水藻《みずも》を載せ、これを髪の毛に見立てて化けるように変わっていました。次の絵などがそのことをよく表したものです。水に映っている女は藻を載せて化けようとしている女の顔なのでしょう。

水藻を頭に載せるキツネ（仮名垣魯文 作、歌川芳虎 画『花裘狐草紙』）

　ところが、さらに時代が下ったころの昔話では、キツネはそこら辺に落ちていた木の葉や草履を頭に載せて宙返りをして化けています。

　昔話をもとにした現代の絵本でも葉っぱを載せていることが多いのですが、葉っぱになると、美しい女に化けるという思いはなくなってしまっています。大人向けの話から子ども向けの話へと変化した結果ですが、なぜ葉っぱを頭に載せると化けられるのかと子どもに聞かれた親は、なんと答えるのでしょうか。

タヌキの妖怪は間抜け

さて、こうしてキツネが化ける様子を描いた画像を探していたところ、これまた興味深い絵に出会いました。キツネとともに化ける動物とされるタヌキとセットになって描かれたものです。

狩野養信《かのうおさのぶ》（晴川院《せいせんいん》）が描いたもので、妖獣としてのキツネとタヌキの特徴をよくつかまえています。キツネは藻をかぶって女の人に化けることを表しているのに対して、タヌキは腹鼓を打っているところを描いています。

キツネの妖怪は、中国ですでに妖怪化して語られていた歴史があるので、日本で独自に生み出されたものではありません。『日本書紀』に登場するキツネはまだ妖怪化されていたとは言えません。中国の妖怪伝説が入ってくることによって、『日本霊異記』などの時期から、妖怪ギツネが定着してくるのです。

女性に変身する妖怪ギツネは、女性的な人間に化ける素質や性格を持ったものとして連綿と語り継がれます。そのキツネが稲荷とも結びついたわけですが、別に稲荷と結びつかなくても、おそらく妖怪ギツネは連綿と女性に化けて人間の男と結婚したがったでしょう。たまたま、お稲荷さんと結びついて荼枳尼天の眷属になったことで、

狩野晴川院（『狐狸図』）

経歴やイメージが複雑になったのだと思います。キツネの嫁入りや、キツネのお姫様の物語が描かれるのも、キツネがまさしく女性を象徴しているからです。

タヌキとムジナの関係は？

一方、キツネと対になって描かれるタヌキの妖怪は、キツネほど経歴が複雑ではありません。しかし、タヌキという呼称にはいささかやっかいな経過があります。

『鳥獣人物戯画』に登場する猫のようなもののけ

漢字の「狸」は中国ではヤマネコの類いを意味していますが、日本の本土には山猫は棲んでいません。なので、日本に狸という漢字を導入すべきではなかったのですが、「狸」という漢字がヤマネコとは違う動物に当てられたのです。

これを行ったのは古代の知識人でした。古い書物、例えば『万葉集』や

『日本書紀』に「狸《り》」の字が出てきたときには、今のタヌキではない可能性が高いことを知っておくといいでしょう。

例えば『鳥獣人物戯画』で、猫が化けたような絵があります。それがヤマネコのつもりで描かれたのか、あるいは現在のタヌキの類いだったのか、よくわからないのです。

では、大和言葉の「タヌキ」に当たる動物がヤマネコでないとすれば、どのような動物なのかということになるのですが、それがはっきりしません。「田の気」だとする解釈もありますが、一説にすぎません。というより語源不明といったほうがいいでしょう。

いつごろから、「狸」が今のタヌキを意味するようになったのかは、わかっていません。タヌキ（狸）という呼称・漢字を当てられた動物は、庶民のあいだではムジナと呼ばれていたようです。当時の日本人には現在のようなタヌキ、アナグマ、ハクビシンといった用語の区別はなく、いずれもムジナと呼んでいました。

捕らえられたこのムジナを中国人が見れば、「これは狸《り》ではなく、狢《かく》（ムジナ）だ」と言ったでしょう。

ところが、そのタヌキという呼称がムジナという呼称に取って代わるように、京都から西日本へ、さらに東日本へと浸透していきました。このため、今でも東日本では、タヌキではなくムジナという呼称が用いられているところが見られます。

昔の文献や昔話に「タヌキ汁」という料理のことが出てきますが、このタヌキはムジナの類いの中でも、現代のアナグマのことです。アナグマは美味《おい》しいそうですが、現代のタヌキは臭くてとても食べられないと言われています。

さて、ようやく、このようなタヌキ＝ムジナが妖怪化した話になるわけですが、タヌキは仏教に組み込まれて仏教の神の眷属になっていませんし、タヌキ汁にするくらいですから大昔は祟ることもなく、妖怪タヌキが誕生したのは遅く、平安時代の後期あたりからのようです。

しかも、妖怪タヌキは天狗やキツネといった先行する妖怪動物との関係の中で、その独自の性格をつくり上げねばなりませんでした。とくにキツネが女性性を託された妖怪であるので、これに対して、タヌキは男性性を象徴する妖怪動物としてその性格をつくり上げてきました。キツネと対立し、あるいは対となって相補い合う存在として造形されたのです。タヌキはキツネの仇役《かたきやく》、対偶的存在、もしくはキツネのパロディのような存在なのです。

歌川国芳（『狸の小金玉』）

男性性を象徴――仏教、未婚、音

『今昔物語集』には、怠惰な僧であるにもかかわらず自分も極楽浄土からのお迎えを望み、天狗が仕掛けた偽の浄土からの来迎《らいごう》にまんまと騙されて命を落とす話があります。この「天狗の偽来迎」をタヌキが真似て、普賢《ふげん》菩薩に化けて怠惰な僧を騙そうとして失敗する話があり、これはまさしく間抜けの妖怪タヌキの一例で、「天狗の偽来迎」のパロディです。

中世の説話集である『古今著聞集』には、お坊さまに化けたタヌキが人に取り憑いて殺したという話も載っています。それから、タヌキは腹鼓を打つという特徴を持っています。『夫《ふ》木《ぼく》和歌抄』（一三一〇年ごろ成立）に「人住まで　鐘も音せぬ古寺に　たぬきのみこそ鼓打ちけれ」（寂蓮法師）という歌があるのも、タヌキが腹鼓を打つことが中世から知られていた証拠です。

タヌキはお坊さまや寺と深く結びついて伝承が生まれました。そして、基本的にタヌキの妖怪は男なのです。出家したお坊さんで、寺にいて結婚をしていない存在として描かれるのがタヌキであり、しかも「分福茶釜」の伝説が物語るように、化けることができて、ドジをしてしまうのも妖怪タヌキです。

このように、タヌキの場合は、とりわけ男性性を強調するのです。「たんたんタヌキの何とかは」という歌をご存じでしょうか。

歌川国芳の戯画に「狸の小金玉」という絵があります。タヌキたちのあいだで、タヌキは陰嚢《いんのう》が大きいのが普通なのに、小さな陰嚢しか持っていないタヌキが異常とされ、そのようなタヌキを見世物にしている図です。

このように、タヌキはなにかと男性性が強調されたので、メスの妖怪タヌキはあまり登場しません。

妖怪ギツネと妖怪タヌキの共通点は、どちらもさまざまないたずらをすることです。

昔話などで人間を騙すのはキツネだったりタヌキだったりします。

ただ、キツネは人に化けるのが上手で、ずる賢くて残忍なのですが、タヌキは違います。タヌキも人間を化かそうとするけれど、尻尾が残って見えていたりして、間抜けでクスッと笑える存在なのです。自分の男性的特徴を強調しても笑いものになってしまいますが、キツネが女性の美しさを強調すると怖い存在になります。

タヌキは音を強調し——腹を叩いて鼓の代わりにします。「狸囃《ばや》し」も音の怪異ですね。キツネは火を強調します——尻尾で「狐火」をつくり出すというような特技を持っています。「タヌキの嫁入り」はほとんど聞きません。阿波《あわ》には「タヌキの嫁入り」があるそうですが、四国にはキツネがいないと言われますし、阿波は妖怪タヌキの産地ですからこうした話があるのでしょう。

人間と結婚して子どもをつくりたがるキツネには旺盛な性欲もイメージされるのに対して、タヌキは僧侶であることが多く念仏を唱えたりしているので、死と結びつくような、人生が半分終わったようなイメージもあります。タヌキは男性性を強調しながらも、異類婚姻どころか、嫁も取らず、寺に籠もって静かに酒を飲み、ときには寂しさを紛らわすために腹鼓を打つというイメージが定着していたのです。

「偽汽車」と「狸合戦」、そして『狸御殿』

『狐の文学史』（星野五彦著）によれば、日本近世にはキツネの話が六五ほどあるそうです。ところが、タヌキの話は少ないとのこと。

ところが、近代になると、俄然脚光を浴びるのがタヌキです。それは音響と関係しています。同じく『狐の文学史』によれば、近代に入るとタヌキが急に増えてくると言います。その理由の一つは、講談が流行ったからです。いわゆる「狸合戦」と呼ばれる講談や、民間伝承では「偽汽車《にせきしゃ》」と呼ばれる話が人気を博しました。

「狸合戦」は、江戸時代の末期、今の徳島市のタヌキ集団と小松島市のタヌキ集団が合戦を繰り広げる話です。この話の背景には、現実の世界での対立・抗争があったようです。

「偽汽車」は、次のような話です。

日本に鉄道が敷かれるようになると、鉄道に対抗心を燃やしたタヌキが汽車に化け、機関車に向かって汽笛を鳴らして――そうです、タヌキの特徴の一つは音を出すことなのです――突進して行きます。

機関士が一所懸命汽車を運転していると、反対側から汽車がやって来る。昔は単線ですから、すれ違うわけにいかず、衝突しそうになります。「危ない！　ぶつかる！」と思った機関士がブレーキをかけると、反対側の汽車は消えていた。その汽車が、実はタヌキだった、という話です。明治時代になってから登場した鉄道に対抗し、汽車に化けたタヌキが、撥《は》ねられて死ぬわけです。近代化に挑戦するタヌキ、なんとも間抜けな化けダヌキ。それでいて印象深い話です。

この話は、『現代民話考』という松谷みよ子さんの現代民話シリーズの中にも入っています。

民間伝承においても、近代ならではのテーマが、タヌキを通して語られます。すなわち、タヌキが兵隊になって出兵し日清戦争に参戦したという伝説も語られました。講談の「狸合戦」の延長として生まれた話のようですが、これも「偽汽車」に似ています。タヌキが近代戦に参加して役に立つのでしょうか。戦死するか、ひどい負傷をして戻って来るのではないでしょうか。死をも恐れぬ乱暴者の、しかし間抜けなタヌキ。

高畑勲監督によるアニメ映画『平成狸合戦ぽんぽこ』に出てくるキツネは、賢いお調子者として描かれていますが、それに対してタヌキは、少し間抜けです。さっさと人間に化けて、人間の世界に潜り込んだほうがいい、と言い出すキツネに対し、タヌ

映画『平成狸合戦ぽんぽこ』のタヌキたち

キは頑固に「頑張って戦わなければ」と主張します。ここにも、同様のタヌキ像が見いだされるのではないでしょうか。

腹鼓を打つということで、音響と関係しますから、近代以降、映画など音を出す娯楽が流行るようになると、ミュージカル映画『狸御殿』などが注目を浴びるようになります。

キツネとタヌキの化かし合いと言いますが、いずれもそれぞれの特徴を生かして化かし合ってきたので優劣はつけがたいと思います。キツネとタヌキがセットになって互いに補いつつ、日本の妖怪文化史を彩ってきたのです。

あとがき

近年の妖怪文化への世間の関心の高まりもあって、これまでさまざまなところから妖怪についての講演を頼まれてきました。本書は、これまでおこなってきた講演からピックアップしたものを、編集者を相手に新たに語り下ろしたり、講演記録をもとに書き直したりしたものから構成されています。

私は、講演であっても、いや講演だからこそ、その準備にはかなりの時間をつぎ込んできました。妖怪文化に関心を持つ方が一人でも多く増えてくれる機会だと考えてきたからです。

依頼されるテーマは、妖怪についてできるかぎり分かり易くといったものから、鬼やキツネ、タヌキ、つくも神といったように具体的に指示されるものまで、さまざまでした。聴衆やその場の雰囲気に応じて気楽に話したこともあり、またその内容の大半が先学の研究成果に基づくものであって私の独自の見解が乏しいものもありましたが、講演の準備中に「これは論文にできる」と思った場合は、その後、論文やエッセイとして発表したこともたびたびありました。

この間、ありがたいことに、いくつかの出版社から「これこれの講演の話は面白いにもかかわらず、まだ論文にもされていないようなので、それを中心に本を出されませんか」などと熱心なお誘いを受けたことがありました。それなのに、講演が終わるとほっとして、また目先の仕事に追われて、もちろん私の怠慢もあるのですが、そんなお誘いもすっかり忘れてしまうのがつねでした。

暇ができた折に、講演抄録や講演のために用意したパワーポイントなどを眺めても、時の流れ、関心の変化のせいでしょうか、過去の遺物のように見えてきて、講演録をもとにした出版の意欲はむしろますます萎えてしまっていました。

私は現在、人生も残り少ないことを考えてライフワークのまとめに精力を注いでおり、とても講演録をまとめるなどといった余裕は正直なところない状態にあります。ところが、そんな状況にあるにもかかわらず、これまで多くの私の本の出版を手伝ってくださってきたKADOKAWAの編集者の竹内祐子さんが「妖怪学の入門書のような本を作りませんか」と相談を持ちかけてきたのが、本書のもとになった企画でした。

書名は『謎解き妖怪学』。しかも、あちらこちらでしゃべったり書いてきたりしたものをもとに目次まで出来上がっていました。

さすがにこの企画には心がひかれました。入門書といえば「はじめての」とか「ことはじめ」といった書名になりがちなのですが、私が「研究は楽しい謎解き」と題した講演などを繰り返していたことに着目した、的を射た書名になっていたからです。

私の意味する「謎解き」という言葉は、学問上の諸問題を解決するということを軽い気持ちで表現した程度なのですが、この企画は、この言葉をキーワードにして、具体的な事例で示しながら私の研究遍歴をたどるという巧みな仕掛けになっていました。

たしかに、私はこれまで、誰も研究していないならば、私自身で研究し、新しい知見に至ろうとしてきました。自分なりの謎解きをしたときの快感は何事にも代えがたいものがあります。それを糧に、私の前に表れる小さな疑問つまり謎を、次々に解いていくうちに、それが集積して「新しい妖怪学」の構築へと発展してきたのでした。

本書はそのあたりのことが分かるように、カラー画像をたくさん用いて組み立てられています。原稿の加筆・修正の作業も過去の遺物を磨き上げるような気持ちになって楽しくさせていただきました。

本書は、私の謎解きのほんの一部にすぎませんが、そうした遍歴、学問形成のプロセス、研究の難しさを越えて得られる楽しさ・喜びがきっとお分かりいただけるはずです。

小さな本ですが、私の「妖怪学入門書」としてお読みいただき、みなさんがたくさんの謎に挑戦する手がかりになれば幸いです。

最後に、本書のもとになった講演等の機会を与えてくださった諸機関・関係者に感謝申し上げます。

小松　和彦

二〇二四年一〇月

参考文献

石田英一郎『河童駒引考』東京大学出版会、一九六六年（岩波文庫、一九九四年）
一柳廣孝『〈こっくりさん〉と〈千里眼〉　日本近代と心霊学』講談社選書メチエ、一九九四年（青弓社、増補版二〇二一年）
伊藤慎吾・氷厘亭氷泉（編集）『列伝体　妖怪学前史』勉誠社、二〇二一年
伊藤慎吾・氷厘亭氷泉・式水下流・永島大輝・幕張本郷猛・御田鍬・毛利恵太『広益体　妖怪普及史』勉誠社、二〇二四年
井上円了（著）、菊地章太（解説、編集）『妖怪学とは何か　井上円了精選』講談社学術文庫、二〇二三年
江馬務『日本妖怪変化史』中外出版、一九二三年（中公文庫、一九七六年）
岡野玲子（著）、夢枕獏（原作）『陰陽師　1』スコラ、一九九四年
京極夏彦『姑獲鳥の夏』講談社ノベルス、一九九四年
小松和彦（監修）『妖怪絵巻　日本の異界をのぞく』「別冊太陽」170　平凡社、二〇一〇年

小松和彦『妖怪学新考』小学館、一九九四年（講談社学術文庫、二〇一五年）
真保亨（文）、金子桂三（写真）『妖怪絵巻』毎日新聞社、一九七八年
多田克己（解説、編集）、京極夏彦（文）『妖怪図巻』国書刊行会、二〇〇〇年
田中貴子『百鬼夜行の見える都市』新曜社、一九九四年（ちくま学芸文庫、二〇〇二年）
谷川健一（監修）『日本の妖怪』「別冊太陽」57　平凡社、一九八七年
坪井洋文『イモと日本人』未来社、一九七九年
寺田寅彦「化け物の進化」「改造」改造社、一九二九年（『寺田寅彦随筆集』第二巻、岩波文庫、一九四七年）
中村禎里『狐の日本史』日本エディタースクール出版部、二〇〇一年（戎光祥出版、改訂新版二〇一七年）
畠中恵『つくもがみ貸します』角川書店、二〇〇七年（角川文庫、二〇一〇年）
兵藤裕己（校注）『太平記　三』、岩波文庫、二〇一五年
藤田経世・秋山光和『信貴山縁起絵巻』東京大学出版会、一九五七年
星野五彦『狐の文学史』新典社選書、一九九五年（万葉書房、増補改訂二〇一七年）
松谷みよ子『現代民話考　3　偽汽車・船・自動車の笑いと怪談』立風書房、一九八

五年（ちくま文庫、二〇〇三年）
柳田国男（著）、小松和彦（校注）『新訂　妖怪談義』角川ソフィア文庫、二〇一三年
（初出は昭和三一〈一九五六〉年、修道社）
夢枕獏『陰陽師』文藝春秋、一九八八年（文春文庫、一九九一年）
湯本豪一（編著）『妖怪百物語絵巻』国書刊行会、二〇〇三年

『出雲国風土記』
『稲荷大明神流記』
『宇治拾遺物語』
『源平盛衰記』
『弘法大師行状記』
『古事記』
『今昔物語集』
『聖誉抄』
『榻鴫暁筆』
『日本書紀』

『日本霊異記』
『常陸国風土記』
『紫式部日記』

画像提供・所蔵先（数字は掲載ページ）
ColBase（https://colbase.nich.go.jp/）　13・81・91・92・98・103・114（葛飾北斎）・
118・119・121・157・161
京都大学附属図書館　15
国際日本文化研究センター　18・19・23・26・27・174
湯本豪一記念日本妖怪博物館（三次もののけミュージアム）　32
国立公文書館　35
国立国会図書館ウェブサイト　62・63・64・66・95（『春日権現験記絵巻』）・97・112・
113・114（月岡芳年・河鍋暁斎）・115・124・125・166・168・171
朝護孫子寺　77
北野天満宮　87
大念佛寺　95（『融通念佛縁起絵巻』）
大本山清浄華院　102
国文学研究資料館　105
クリーブランド美術館　109
京都市立芸術大学芸術資料館　144・145
東京都立中央図書館　164
公益財団法人 摘水軒記念文化振興財団　170

本書は著者の講演などをもとに再構成したものです。
序章は、人間文化研究機構『人間文化』２０１７年、27号「基調講演　妖怪の魅力はどこにあるのか?」を加筆・修正しました。

編集協力　佐藤美奈子

小松和彦（こまつ・かずひこ）
1947年、東京都生まれ。国際日本文化研究センター名誉教授。埼玉大学教養学部教養学科卒業、東京都立大学大学院社会科学研究科（社会人類学）博士課程単位取得退学。専攻は文化人類学・民俗学。著書に『いざなぎ流の研究―歴史のなかのいざなぎ流太夫』（角川学芸出版）、『神隠しと日本人』『妖怪文化入門』『呪いと日本人』『異界と日本人』『聖地と日本人』(角川ソフィア文庫)、『百鬼夜行絵巻の謎』（集英社新書）、編著に『妖怪学の基礎知識』（角川選書）など、多数。2013年、紫綬褒章受章。16年、文化功労者。

角川選書 1205

謎《なぞ》解《と》き妖怪学《ようかいがく》　角川選書《かどかわせんしょ》ビギナーズ

令和６年12月25日　初版発行

著　者／小松和彦《こまつかずひこ》

発行者／山下直久

発　行／株式会社KADOKAWA
〒102-8177　東京都千代田区富士見2-13-3
電話 0570-002-301（ナビダイヤル）

印刷所／株式会社KADOKAWA

製本所／株式会社KADOKAWA

カバー・帯・本文デザイン／小川恵子（瀬戸内デザイン）

●お問い合わせ
https://www.kadokawa.co.jp/（「お問い合わせ」へお進みください）
※内容によっては、お答えできない場合があります。
※サポートは日本国内のみとさせていただきます。
※Japanese text only

定価はカバーに表示してあります。

ISBN 978-4-04-703738-0　C0339

◆◇◇

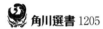

角川選書

この書物を愛する人たちに

詩人科学者寺田寅彦は、銀座通りに林立する高層建築をたとえて「銀座アルプス」と呼んだ。
戦後日本の経済力は、どの都市にも「銀座アルプス」を造成した。
アルプスのなかに書店を求めて、立ち寄ると、高山植物が美しく花ひらくように、
書物が飾られている。

印刷技術の発達もあって、書物は美しく化粧され、通りすがりの人々の眼をひきつけている。
しかし、流行を追っての刊行物は、どれも類型的で、個性がない。
歴史という時間の厚みのなかで、流動する時代のすがたや、不易な生命をみつめてきた先輩たちの発言がある。
また静かに明日を語ろうとする現代人の科白がある。これらも、
銀座アルプスのお花畑のなかでは、雑草のようにまぎれ、人知れず開花するしかないのだろうか。
マス・セールの呼び声で、多量に売り出される書物群のなかにあって、
選ばれた時代の英知の書は、ささやかな「座」を占めることは不可能なのだろうか。
マス・セールの時勢に逆行する少数な刊行物であっても、この書物は耳を傾ける人々には、
飽くことなく語りつづけてくれるだろう。私はそういう書物をつぎつぎと発刊したい。
真に書物を愛する読者や、書店の人々の手で、こうした書物はどのように成育し、開花することだろうか。
私のひそかな祈りである。「一粒の麦もし死なずば」という言葉のように、
こうした書物を、銀座アルプスのお花畑のなかで、一雑草であらしめたくない。

一九六八年九月一日　角川源義